**Faça de sua casa
um lugar de encontro de sábios**

COLEÇÃO BÍBLIA EM COMUNIDADE

PRIMEIRA SÉRIE – VISÃO GLOBAL DA BÍBLIA
1. Bíblia, comunicação entre Deus e o povo – Informações gerais
2. Terras bíblicas: encontro de Deus com a humanidade – Terra do povo da Bíblia
3. O povo da Bíblia narra suas origens – Formação do povo
4. As famílias se organizam em busca da sobrevivência – Período tribal
5. O alto preço da prosperidade – Monarquia unida em Israel
6. Em busca de vida, o povo muda a história – Reino de Israel
7. Entre a fé e a fraqueza – Reino de Judá
8. Deus também estava lá – Exílio na Babilônia
9. A comunidade renasce ao redor da Palavra – Período persa
10. Fé bíblica: uma chama brilha no vendaval – Período greco-helenista
11. Sabedoria na resistência – Período romano
12. O eterno entra na história – A terra de Israel no tempo de Jesus
13. A fé nasce e é vivida em comunidade – Comunidades cristãs na terra de Israel
14. Em Jesus, Deus comunica-se com o povo – Comunidades cristãs na diáspora
15. Caminhamos na história de Deus – Comunidades cristãs e sua organização

SEGUNDA SÉRIE – TEOLOGIAS BÍBLICAS
1. Deus ouve o clamor do povo (Teologia do êxodo)
2. Vós sereis o meu povo e eu serei o vosso Deus (Teologia da aliança)
3. Iniciativa de Deus e corresponsabilidade humana (Teologia da graça)
4. O Senhor está neste lugar e eu não sabia (Teologia da presença)
5. Profetas e profetisas na Bíblia (Teologia profética)
6. O Sentido oblativo da vida (Teologia sacerdotal)
7. Faça de sua casa um lugar de encontro de sábios (Teologia sapiencial)
8. Grava-me como selo sobre teu coração (Teologia bíblica feminista)
9. Teologia rabínica (em preparação)
10. Paulo, apóstolo de Jesus Cristo pela vontade de Deus (Teologia paulina)
11. Teologia de Marcos (em preparação)
12. Lucas e Atos: uma teologia da história (Teologia lucana)
13. Ide e fazei discípulos meus todos os povos (Teologia de Mateus)
14. Teologia joanina (em preparação)
15. Teologia apocalíptica (em preparação)
16. As origens apócrifas do cristianismo (Teologia apócrifa)
17. Teologia espiritual (em preparação)
18. Teologia da Comunicação (em preparação)

TERCEIRA SÉRIE (em preparação) – PALAVRA: FORMA E SENTIDO
1. Introdução ao estudo das formas literárias
2. Análise narrativa
3. Historiografia bíblica
4. Normas e leis na Bíblia
5. Textos proféticos
6. Textos sapienciais
7. Textos poéticos
8. Textos apocalípticos
9. Evangelho / Epístola

QUARTA SÉRIE – RECURSOS PEDAGÓGICOS
1. O estudo da Bíblia em dinâmicas – Aprofundamento da Visão Global da Bíblia
2. Teologias bíblicas (em preparação)
3. Palavra: forma e sentido (em preparação)
4. Atlas bíblico (em preparação)
5. Mapas e temas bíblicos – Cartazes (em preparação)
6. Metodologia de estudo e pesquisa (em preparação)
7. Pedagogia bíblica (em preparação)
8. Modelo de ajuda (em preparação)

Jacil Rodrigues de Brito

Faça de sua casa um lugar de encontro de sábios

Teologia sapiencial

Teologias bíblicas 7

Dados Internacionais de Catalogação na Publicação (CIP)
(Câmara Brasileira do Livro, SP, Brasil)

Brito, Jacil Rodrigues de
    Faça de sua casa um lugar de encontro de sábios : teologia sapiencial / Jacil Rodrigues de Brito. – São Paulo : Paulinas, 2011. – (Coleção Bíblia em comunidade. Série teologias bíblicas ; 7)

ISBN 978-85-356-2868-5

1. Bíblia - Estudo e ensino   2. Bíblia   3. Teologia sapiencial
I. Título.   II. Série.

11-09023   CDD-220

Índice para catálogo sistemático:
1. Estudos bíblicos : Teologia sapiencial   220

1ª edição – 2011
2ª reimpressão – 2022

Direção-geral: *Bernadete Boff*
Editora responsável: *Vera Ivanise Bombonatto*
Copidesque: *Ana Cecilia Mari*
Coordenação de revisão: *Marina Mendonça*
Revisão: *Sandra Sinzato*
Gerente de produção: *Felício Calegaro Neto*
Capa: *Edinaldo Medina Batista*
Editoração eletrônica: *Manuel Rebelato Miramontes*

Nenhuma parte desta obra poderá ser reproduzida ou transmitida por qualquer forma e/ou quaisquer meios (eletrônico ou mecânico, incluindo fotocópia e gravação) ou arquivada em qualquer sistema ou banco de dados sem permissão escrita da Editora. Direitos reservados.

SAB – Serviço de Animação Bíblica
Av. Afonso Pena, 2.142 – Bairro Funcionários
30130-007 – Belo Horizonte – MG
Tel.: (31) 3269-3737 – Fax: (31) 3269-3729
e-mail: sab@paulinas.com.br

Paulinas
Rua Dona Inácia Uchoa, 62
04110-020 – São Paulo – SP (Brasil)
Tel.: (11) 2125-3500
Telemarketing e SAC: 0800-7010081
http://www.paulinas.com.br – editora@paulinas.com.br
©Pia Sociedade Filhas de São Paulo – São Paulo, 2011

*Aos amigos da paróquia
Sant'Ana de Coroaci – MG,
Gente que se enveredou
Bíblia adentro,
E foi assim
Se perdendo e se achando.
E nem foi preciso ir muito longe
Para que com violas e tambores,
Pés, mãos, lábios e voz
Dançassem e cantassem
O jeito mais bonito
Até então visto
Por essas bandas
De dizer,
De ser
PENTECOSTES.*

Sumário

APRESENTAÇÃO 9
INTRODUÇÃO 13
1º TEMA – SABEDORIA E SÁBIO 19
   Sabedoria extrabíblica 21
   A sabedoria em Israel 31
2º TEMA — O LIVRO DE JÓ 49
   Narrativa em dois planos 51
3º TEMA – O LIVRO DE QOHELET (ECLESIASTES) 79
   Autoria, título e contexto 81
   Qohelet e a justiça 84
   O conhecimento 87
   Morte e vida 89
   Qohelet e o tempo 92
4º TEMA – CÂNTICO DOS CÂNTICOS 97
   Título 99
   Autoria 100
   Targum do Cântico dos Cânticos
   e os comentários de Rashi 108
   Divisão e interpretação do Cântico
   a partir do Targum e dos comentários de Rashi 109
5º TEMA – OS SALMOS 115
   "Feliz o homem" 119
   O Sl 1 e o Shemah Israel (Dt 6,4-9) 120

6º TEMA – O LIVRO DOS PROVÉRBIOS 123
    Data, autoria e contexto de Provérbios 125

7º TEMA – O LIVRO DA SABEDORIA 135
    Helenismo e cultura 137
    Divisão do texto 139

8º TEMA – O LIVRO DO ECLESIÁSTICO 141
    Autoria 143
    Contexto 144
    Travessia dos dias sombrios 146
    Divisão do livro 149

CONCLUSÃO 150

BIBLIOGRAFIA 151

Apresentação

O livro que você tem agora em mãos faz parte da segunda série, "Teologias Bíblicas", da coleção "Bíblia em comunidade". Esta série tem o objetivo de apresentar as linhas fundamentais de dezoito visões diferentes de Deus, que perpassam as Sagradas Escrituras. São dezessete enfoques diferentes sobre Deus, a partir do Êxodo, da Aliança, da graça, da presença, dos profetas, sacerdotal, sapiencial, feminista, de Paulo, Marcos, Mateus, Lucas, João, apocalíptica, espiritualidade bíblica, da comunicação e apócrifa.

Para fundamentar o estudo da segunda série, "Teologias Bíblicas", é necessário que a pessoa tenha alguns conhecimentos básicos sobre o povo, a terra, os escritos bíblicos em geral. Assim, a primeira série, "Visão global da Bíblia", ajuda a pessoa a se situar no contexto histórico e geográfico em que viveu esse povo. Desse modo, compreenderá melhor os escritos bíblicos que nasceram nestes contextos, ao longo das grandes etapas da história do povo da Bíblia. São quinze pequenos fascículos, que vão ser muito úteis para formar uma boa base de conhecimentos bíblicos.

A terceira série, "Palavra: forma e sentido", aborda a Bíblia como literatura. Estuda os gêneros, as formas literárias e os métodos de estudo da Bíblia. Compreende uma introdução geral aos gêneros literários, estuda os gêneros: narrativo, historiográfico, normativo, profético, sapiencial, poético, apocalíptico, o Evangelho e epístola.

Por fim, a quarta série, "Recursos pedagógicos para o estudo da Bíblia", oferece ferramentas sobre como aplicar melhor as três séries anteriores, para tornar mais dinâmico e interessante o estudo dos conteúdos. Está pronto o primeiro volume: *O estudo da Bíblia em dinâmicas*: *aprofundamento da Visão Global da Bíblia*.

O título do livro *Faça de sua casa um lugar de encontro de sábios* é muito feliz, porque a casa é o lugar onde a vida nasce, cresce e se desenvolve. O húmus no qual brota e se nutre a sabedoria e se formam os sábios é o olhar atento da vida, em sentido amplo, e de suas manifestações. Foi assim que nasceu a Teologia Sapiencial. É neste espírito que nos queremos aproximar dos sábios que escreveram as Escrituras Sagradas. "Eles não disseram ou fizeram nada apenas por dizer ou fazer. Por trás de cada ensinamento profundo está uma questão ou exigência também profunda, uma resposta às indagações próprias do seu tempo e lugar. Por tratarem de temas relacionados aos problemas humanos, estes textos antigos podem nos orientar sempre em nosso tempo."

A sabedoria não é uma prerrogativa só de Israel, mas de todos os povos. Aliás, nos escritos bíblicos, conhecidos como sapienciais, percebe-se o reflexo dos sábios de povos vizinhos, como os mesopotâmios, egípcios e gregos. Entre os escritos sapienciais na Bíblia, estão os livros de Jó, Eclesiastes, Cântico dos Cânticos, Salmos, Provérbios, Sabedoria e Eclesiástico.

Você já deve conhecer, por outras obras, o estilo do autor e sua linguagem, que é ao mesmo tempo simples, singela, mas profunda. Sem dúvida, ao final da leitura, o leitor concluirá que este livro "é obra de um sábio" do interior de Minas Gerais.

Jacil Rodrigues de Brito é um estudioso, admirador e, diria mais, um discípulo fiel dos sábios de Israel, desde as Escrituras do Primeiro e do Segundo Testamento, e de todos os tempos.

Trilhar o caminho da sabedoria é um tirocínio que implica o cultivo de um olhar atento, observador do que se passa em nós próprios e ao nosso redor, para aprendermos as lições que a vida nos proporciona. Isso é sabedoria!

Romi Auth, fsp
Serviço de Animação Bíblica (SAB)

Introdução

"Vede, eu vos ensino os mandatos e decretos que me ordenou o Senhor meu Deus para que os cumprais na terra onde entrareis para tomar posse dela. Praticai-os e eles serão vossa prudência e sabedoria diante de outros povos, que, ouvindo estes mandatos, comentarão: 'que povo sábio e prudente, e que grande nação!...'" (Dt 4,5-6).

Com estas palavras do livro do Deuteronômio damos início a estas páginas, cuja primeira intenção é oferecer, a partir das fontes de nossa tradição judeo-cristã, chaves de leitura para os textos sapienciais.

Algumas vezes somos imediatistas e queremos ler e entender estes ensinamentos antigos sem investir num tempo e orientação mais adequados. Outras vezes gostaríamos de que todos os grupos os compreendessem como nós. Por isso, os sábios da grande tradição judeo-cristã sempre se preocuparam com uma leitura das Sagradas Escrituras que pudesse alimentar seus discípulos e abrir seus olhos para enxergar e amar o tesouro das raízes e das fontes. Este procedimento nos orienta para uma base de leitura capaz de firmar nossos passos nesse caminho milenar e sempre novo da tradição, chamando a nossa atenção e nos alertando diante do perigo de uma leitura desvinculada e propensa a artificialidade.

Com efeito, nossos mestres nos recordam que, na Escritura Sagrada, Deus fala a linguagem dos humanos e que, para lê-la de forma coerente, é preciso conhecer e levar em consideração o tempo e a cultura do povo de Israel que nos legou esse manancial vital. Por isso, para nós cristãos, ela deve ser lida como um "todo" continuado (Primeiro e Segundo Testamentos) e dentro da Tradição viva.[1]

Será que a nossa época favorece tal leitura e tal postura? Os tempos e os nossos atuais jeitos de viver exigem cada vez mais agilidade de nós. Comumente estamos com pressa e toda atividade meditativa pode muitas vezes nos parecer perda de tempo. O refrão mais ouvido e utilizado é "estou na correria". E este refrão não anda de mãos dadas com realidades profundas que requerem de nós atenção e contemplação. Não falo aqui somente de leitura da Escritura, mas também de tudo o que é vital; não simplesmente para viver ou sobreviver, mas para viver bem: cultivar boas relações, ler boas páginas, aprender a tocar um instrumento ou desenvolver um dom artístico. Algo que auxilie na aquisição de um pouco de disciplina, ensine a amar o sublime e a dar alguns passos em direção ao nosso interior carente do nosso próprio carinho e afeição. Na chamada "correria" deixamos passar despercebidas as coisas mais bonitas do nosso povo: nossa cultura, nossa língua, nossas tradições, nossa gente, amigos e amores. Valores que nenhum dinheiro ou pressa pode comprar ou nos devolver depois de perdidos.

O efeito de uma página lida junto com outra pessoa é como o fruto de um campo cultivado na solidariedade e que agora está posto sobre a mesa, entre nós. Mais ainda do que se alimentar de frutos colhidos, é celebrar a memória de um caminho percorrido, que em si mesmo é valioso. Talvez por esta razão os sábios judeus e cristãos aconselhavam o estudo das Sagradas Escrituras em comunidade. O desvinculado nos fecha e acaba por não nos fazer bem. Ora, o compreendido de forma desvinculada desembocar-se-á numa prática também

---

[1] Cf. CATECISMO DA IGREJA CATÓLICA. São Paulo: Loyola, 2000, nn. 101-141.

desvinculada. Se o princípio do entendimento é individualista, egoístico, consequentemente a sua prática também o será.

Neste espírito, pretendemos aproximar-nos dos sábios das Escrituras. Eles não disseram ou fizeram nada por simplesmente dizer ou fazer. Por trás de cada ensinamento profundo há uma questão ou exigência também profunda, uma resposta a indagações próprias do seu tempo e lugar. Por tratarem de temas relacionados aos problemas humanos, os textos antigos podem nos orientar sempre em nosso tempo. Diante de sofrimentos e dificuldades de toda sorte, é preciso meditar, encontrar alento para o imediato e preparar-se para o que virá. O sábio tem sempre o olho e o espírito bem vivos naquilo que já é passado, no que aí está e no que virá.

A sabedoria de Israel é proveniente da confluência de culturas do chamado Antigo Oriente. Desde sua origem, este povo, como qualquer outro, recebeu influências de outras etnias que o rodeavam. Contudo, sofreu influências, de modo particular, dos egípcios, dos babilônios e dos gregos. Paradoxalmente, estes povos, apresentados pelos próprios escritores bíblicos como opressores, são os mesmos que vão contribuir para uma formação da sua identidade enquanto nação distinta das outras, como povo da Eleição e da Aliança. Estes dois últimos elementos caracterizam a sabedoria em Israel. Ele é o povo cônscio de ser filho e, ao mesmo tempo, discípulo de Deus. Esta filiação e este discipulado nascem com os patriarcas, firmam-se aos pés do Sinai com o dom da Torah[2] e estendem-se pelas comunidades e escolas ao longo da existência de judeus e de cristãos. Portanto, a sabedoria é dom de Deus e cultivo humano. Dom, porque é recebida gratuitamente de Deus em sua Palavra revelada, e

---

[2] O vocábulo "Torah" significa ensinamento, instrução, orientação. Ele é frequentemente traduzido por "Lei" em nossas versões da Bíblia. A palavra Torah designa também o Pentateuco.

cultivo porque requer de nós amor e cuidado para estudá-la, praticá-la e transmiti-la.

A comunidade cristã nasce do seio da comunidade judaica. Portanto, ela vem, desde sua origem, marcada pelo mesmo ambiente, pela mesma fé no Deus Um que cria, elege, faz aliança e redime. Ela se nutre das mesmas práticas e esperanças de Israel. Por esta razão, os escritos do Segundo Testamento apresentam Jesus de Nazaré e seus discípulos vivendo da mesma Eleição e Aliança. O evangelista João ensina que quem vê Jesus vê o próprio Deus e quem vê um discípulo de Jesus vê o próprio Jesus. Esta é a verdade do discipulado, que é própria do caminho de sabedoria: aprender-ensinar, receber-transmitir em todo tempo e lugar.

Quanto aos escritos, entende-se por livros sapienciais na Bíblia cinco livros: Jó, Provérbios, Eclesiastes (Qohelet), Eclesiástico (Ben Sirac ou Sirácida) e Sabedoria. Destes, Eclesiástico e Sabedoria são deuterocanônicos.[3] Salmos e Cântico dos Cânticos são acrescentados a esta lista, porém, muitos estudiosos não os consideram como tais. Outros textos não fazem propriamente parte deste elenco, mas são comumente citados como sapienciais pelo parentesco na forma de ensinar. É o caso do livro de Tobias e de Baruc.

---

[3] O termo "cânon" encontra sua raiz na forma *KaNaH* nas três línguas clássicas: grego, hebraico e latim, e corresponde a uma haste ou cálamo usado nos tempos antigos como instrumento de medida. Cf. BROWN, Francis. *The new Brown – Driver – Briggs – Gesenius. Hebrew and English Lexicon*. Peabody: Hendrickson Publishers, 1979. p. 889.

Nesse mesmo sentido o profeta Ezequiel, no capítulo 40,3.5, fala daquele que vem medir com uma "cana" (*KeNeH*), traduzido por "cálamo" (*kálamos*) no texto grego. Por esta razão, o termo "canônico" é utilizado para designar os livros que foram aceitos (segundo a medida) como inspirados. E o termo "deuterocanônico" é aplicado pela Igreja Católica aos textos que entraram para o seu cânon num segundo momento (*deuteros* = segundo). Estes livros, posteriormente canonizados, não pertencem ao cânone nem da Bíblia hebraica nem da Bíblia da Reforma protestante.

Na realidade, os ensinamentos sapienciais não se resumem, na Bíblia, ao quadro dos livros citados. As narrativas sobre José do Egito no livro do Gênesis, o livro de Daniel, as novelas históricas exemplares[4] em geral, bem como determinadas partes dos Evangelhos (Mt 5–7), podem ser consideradas, pela sua forma literária, sapienciais.

O corpo da literatura sapiencial em Israel assemelha-se a uma grande e bela colcha de retalhos – como esta da capa, trabalho das mãos de Guilhermina, minha mãe – que traz as marcas de autores, tempos e lugares variados. Desta gama de textos será dada especial atenção ao livro de Jó e de Eclesiastes. Bom caminho de leitura!

---

[4] Compreende-se por "novela histórica exemplar" os relatos de cunho histórico que enfocam atitudes das personagens dignas de imitação. Cf. TOSAUS ABADÍA, José Pedro. *A Bíblia como literatura*. Petrópolis: Vozes, 2000. p. 61.

1º Tema
Sabedoria e sábio

"Faça de sua casa um lugar de encontro de sábios... e beba, com sede, cada uma de suas palavras."[1]

Pergunta-se constantemente o que é sabedoria, bem como o que é um sábio ou quem é o sábio. Pergunta aparentemente ingênua, a qual se pode dar uma resposta rápida. Mas, na realidade, não é bem assim. A questão é demasiado complexa, quando se trata de abordar sabedoria enquanto maneira de os grupos humanos se organizarem e viverem. O fator "saber" está intimamente ligado ao fator "pensar". Este talvez seja o ponto-chave, o motor do existir do humano que busca transcendência. Os humanos têm a capacidade de repensar e recriar tudo à sua volta. Eles podem, assim, não somente reorientar, mas transformar em linguagem simbólica toda e qualquer realidade e se encantar com o que se descobre sempre além da realidade visível.

Assim, chamamos sabedoria a um fenômeno que se encontra em todos os povos e tempos, bem como a figura do sábio. Para os povos mais antigos, como, por exemplo, os egípcios, os ensinamentos de sabedoria eram instruções para o bem viver. Estas instruções eram transmitidas naturalmente de pai para filho. Eram fruto do acúmulo de experiências brotadas no cotidiano da vida. Esta forma de orientar a família e prepará-la para as boas relações sociais ganhou posteriormente o ambiente governamental. Este enfrenta problemas parecidos, embora de

---

[1] Mixná, Tratado Avot 1,4.

maiores proporções, e carece de semelhantes orientações. Dessa maneira, o cultivo da sabedoria passou a formar e a orientar, principalmente, os que tinham o encargo de governar.

Similarmente, o papel do pai e da mãe estende-se para o do mestre, cujo intuito é educar e orientar, de maneira ampliada, os membros do grupo.

Essa sabedoria dos povos antigos do Oriente, conhecida e estudada, é anterior àquela de Israel. Considerada "extrabíblica", tal sabedoria dos vizinhos certamente influenciou Israel e, principalmente, os seus sábios e escritores bíblicos. Ela é mencionada em alguns textos bíblicos do Primeiro Testamento, bem como aparece nas comparações da sabedoria de Salomão com a do Egito e da Arábia.

Sabedoria extrabíblica

As informações contidas nas páginas seguintes nos favorecerão um rápido contato com os legados literários provenientes dos povos vizinhos de Israel, sobretudo aqueles da Mesopotâmia, do Egito e, posteriormente, da Grécia.

Mesopotâmia

Os mesopotâmios desenvolveram um vasto conhecimento sapiencial que chegou até nós. Eles nos legaram mitos de criação do universo e do ser humano, provérbios, diálogos satíricos, fábulas que abrangem todos os aspectos da vida cotidiana, assim como máximas de vida muito semelhantes às que encontramos na sabedoria bíblica.[2]

As instruções de Shurupak a seu filho Ziusudra (2000 a.E.C.) são conselhos sapienciais. Ziusudra deve seguir as orientações divinas e construir um barco para salvar a vida humana e a de todas as espécies para que a paz seja estabelecida sobre a terra.[3] Estes conselhos são semelhantes àqueles de Deus a Noé nos textos bíblicos (Gn 6–10).

Outros textos provenientes da Mesopotâmia são de maior coloração sapiencial e se ocupam de temas como a certeza da morte, a justiça divina, o sofrimento dos bons e a diferença entre humanos e deuses. Na citação seguinte (fim do séc. XII a.E.C.),

---

[2] Cf. VV.AA. *A criação e o dilúvio*; segundo os textos do Oriente Médio Antigo. São Paulo: Paulinas, 1990.

[3] Ibid., pp. 77-81.

podemos perceber estes motivos que são também centrais na literatura bíblica sapiencial.

Textos da Mesopotâmia[4]	Textos bíblicos
É o caminho de felicidade que seguem aqueles que não procuram a Deus; ao passo que se empobrecem e perdem seus bens os zelosos fervorosos da Deusa	Porque os ímpios continuam a viver e ao envelhecer tornam-se ainda mais ricos? (Jó 21,7). Já vi de tudo em minha vida de vaidade: o justo perecer na sua justiça e o ímpio sobreviver na sua impiedade (Ecl 7,15).
Ó homem honesto e inteligente, tudo o que repetires já não tem sentido	O que foi será o que se fez, se tornará a fazer: nada há de novo debaixo do sol! (Ecl 1,9)
Os desígnios de Deus estão longe de nós como o mais alto dos céus. Não podemos compreender o que sai da boca da Deusa	A infelicidade do homem é grande, pois ele não sabe o que vai acontecer: quem pode anunciar-lhe como há de ser? (Ecl 8,6b-7)

Egito

Considerado desde a mais tenra antiguidade como a terra da sabedoria, o Egito nos legou ensinamentos de um profundo humanismo, assim como métodos para práticas e obtenções de bons costumes e ações. Práticas e costumes estes que mais tarde os escritores bíblicos depreciaram e pejoraram em função do enaltecimento dos sábios de Israel e de sua sabedoria revelada.[5]

---

[4] BARUCQ, A. et al. *Escritos do Oriente Antigo e fontes bíblicas*. São Paulo: Paulinas, 1992. p. 179.

[5] Por exemplo: "A sabedoria de Salomão superou a dos sábios do Oriente e do Egito" (1Rs 5,10) e "Como são loucos os magnatas de Tânis, os sábios que dão ao faraó conselhos desatinados! Como dizeis ao faraó: somos discípulos de sábios discípulos de reis antigos. Onde ficaram teus sábios? Que te anunciem, já que tanto sabem, o que o Senhor dos Exércitos planeja contra o Egito" (Is 19,11-12).

Textos do remoto Egito trazem célebres narrativas sapienciais. Trata-se de ensinamentos que os egípcios destinavam à educação de seus filhos e discípulos. Eles foram elaborados num espaço de tempo de mais ou menos três mil anos de história e são muito semelhantes aos que encontramos na Bíblia, sobretudo nos Salmos, como nos mostra o quadro comparativo a seguir. O texto seguinte é atribuído ao rei Set como instruções dadas a seu filho, Merikaré.

Ensinamentos a Merikaré[6] (2150 a.E.C.)	Ensinamentos bíblicos
Proceda bem em relação a Deus a fim de que ele te recompense	O Senhor me retribui segundo minha justiça (Sl 18,25)
o Deus é conhecedor daquele que age bem em relação a ele.	O Senhor conhece o caminho dos justos (Sl 1,6)
Cuida dos homens que são o rebanho de Deus pois ele criou o céu e a terra no interesse deles repeliu a voracidade das águas	O Senhor é meu pastor nada me falta (Sl 23,1) O Senhor conhece os dias dos íntegros e sua herança permanecerá para sempre (Sl 36,18 e Ez 34,1+; Jo 10,1-16)
Concedeu o hálito de vida às suas narinas	Então o Senhor modelou o homem do pó da terra e insuflou em suas narinas um hálito de vida... (Gn 2,7)
porque eles são os retratos saídos de sua carne....	Deus criou o humano à sua imagem... ... homem e mulher ele os criou (Gn 1,27)
... fez a verdura, os rebanhos e os peixes para alimentá-los	... a todas as aves do céu, a tudo o que rasteja sobre a terra e que é animado de vida, eu dou como alimento toda a verdura das plantas... (Gn 1,30)

---

[6] VV.AA., op. cit., p. 99.

Mas exterminou seus adversários e seus próprios filhos, porque projetavam rebelar-se contra ele	A rebelião dos ingênuos os levará à morte (Pr 1,32)
... criou o dia em benefício deles. Navega a fim de vê-los	Deus disse: "haja luz" e houve luz... e chamou à luz "dia"... primeiro dia (Gn 1,3-5) e Sl 18,25; 139,16
Cercou-os como uma capela e, quando choram, os ouve	O Senhor dá ouvido às minhas palavras, considera o meu gemido. Ouve atento meu grito por socorro (Sl 5,2-3) e Ex 32,2
Deu dirigentes para eles, desde a mais tenra idade	Vai, pois, eu te envio ao Faraó para fazer sair do Egito o meu povo, os filhos de Israel (Ex 3,10) e Dt 34,9; Is 6,8; Jo 1,6; 3,16-17
Um apoio para aliviar o ombro do fraco...	Guarda-me, ó Deus, pois eu me abrigo em ti (Sl 16,1)

O poema deste quadro, "Ensinamentos a Merikaré", nos fala da relação humano/divino. No primeiro verso a recompensa divina pelos atos humanos que estão em consonância com o querer de Deus.

Esta noção de recompensa divina está muito próxima da verdade, da sabedoria e da justiça. Não haverá recompensa para quem não buscar o conhecimento e não orientar sua vida a partir dele. Os egípcios davam a esta dimensão o nome de "Maat".[7]

Os ensinamentos são passados em forma de tratados muito bem elaborados para ensinar ao filho, ao escriba ou discípulo os meios de resolver os problemas da administração pública e da política.

---

[7] "Maat" é o conceito central da sabedoria egípcia. Esta palavra pode ser traduzida por "direito, retidão". Enquanto figura, ela é a representação divina da filha do deus Rá. Ela, portanto, é uma deusa que garante a ordem cósmica e a harmonia nas relações humanas por meio da justiça e da bondade. O seu papel junto aos responsáveis pela ordem social consiste em abri-los à verdade e à justiça para com os pobres.

Ensina-se que é preciso respeitar os pobres, pagar bem o salário dos trabalhadores, para não despertar neles desejos que os levem à corrupção e à desonestidade. A palavra deve ser sempre firme e acompanhada de bom exemplo. Os atos do rei devem ser pautados no temor da justiça divina.

De mesmo tom são as exortações de Ani concernentes à educação dos filhos, à oração, à conduta e preparação para a morte, bem como as instruções do escriba Amenemope a seu filho (entre 1000 e 600 a.E.C.), divididas em trinta moradas (formas de capítulos).

Estas exortações podem ter influenciado o escritor dos Provérbios, em que encontramos, nos versículos citados, temas de grande semelhança (Pr 6,24-29; 22,17–24,22). Por exemplo, em Pr 22,20 está dito: "Escrevi para ti trinta máximas de experiência"; e no v. 22: "Não explores o pobre, porque é pobre; não atropeles o infeliz no tribunal".

Vejamos o quadro comparativo:

Instruções de Ani (sécs. XI-VIII a.E.C.)	Provérbios
Guarda-te da mulher estrangeira que ninguém conhece na cidade. Água profunda, de limites desconhecidos, é a mulher cujo marido está longe.	6,24: [Os preceitos de teu pai] te guardarão da mulher má, da língua suave da estrangeira... 28-29: Pode alguém caminhar sobre brasas sem queimar os próprios pés? Assim acontece com aquele que procura a mulher do próximo.

O capítulo quatro das instruções de Amenemope é muito semelhante ao Sl 1 ou Jr 17,5-8.

Vejamos o texto:

Instruções de Amenemope (sécs. X-VI a.E.C.)	Salmo 1
Quanto ao intempestivo (insensato) no templo Ele é como uma árvore que cresce na selva Num instante sobrevém a perda de seus galhos Ele encontra seu fim num canteiro naval (depois) corre longe de seu lugar A chama é sua sepultura	4. Não são assim os ímpios! Não são assim! Pelo contrário: São como a palha que o vento dispersa. 5. Não ficarão de pé no julgamento Nem os pecadores no conselho dos justos. 6. O caminho dos ímpios perece.
O verdadeiro silencioso (o sábio) Que se mantém à margem É como a árvore que cresce num vergel Ele é verdejante e dobra seu entendimento Não cabe nos dromos (do templo) de seu senhor Seus frutos são doces, sua sombra agradável E ele encontra seu fim num vergel.[8]	1. Feliz o homem que não vai no conselho dos ímpios, não para no caminho dos pecadores 2. Pelo contrário: Seu prazer está na Torah do Senhor e medita sua Torah dia e noite. 3. Ele é como árvore plantada junto d'água corrente: dá fruto no tempo devido e suas folhas nunca murcham; tudo o que ele faz é bem-sucedido... 6. O Senhor conhece o caminho dos justos.

Assim sendo, a sabedoria de Israel não é a mais antiga, como já foi mencionado, e tem parentesco com aquela da Mesopotâmia e a do Egito, em que os sábios já transmitiam seus ensinamentos sapienciais. Esses escritos mais antigos constituem a base da sabedoria no Oriente Médio e aparecem com uma forma particular de organização e expressão.

Encontramos neles, como nos escritos bíblicos, adágios, enigmas, fábulas, provérbios, parábolas, diálogos etc. E também sentenças e listas onomásticas contendo informações acerca de

---

[8] VV.AA., op. cit., p. 99.

pessoas importantes, como acontece nos escritos bíblicos em torno de Salomão (por exemplo, 1Rs 10,1-3). Estes ensinamentos antigos geralmente são do rei ao seu herdeiro ou do escriba ao seu filho. São indicações para conduzir com sucesso a vida e o trabalho.

Outros textos anteriores à Bíblia

Podemos ainda sugerir outros textos antigos com reflexões acerca da vida e da morte, do sofrimento humano e de outros problemas. Esta produção sapiencial mais remota nos oferece orientações profundas que, de certa forma, abrangem todos os aspectos da existência humana.

Também do Egito vem o "Diálogo sobre o suicídio" entre um desesperado e sua alma (fim do III milênio). Este texto vale a pena ser visto, não somente por sua beleza poética, mas também por sua atualidade:

> A quem falaria eu hoje?
> Meus irmãos são maus
> Os maus de hoje não sabem amar!
> A quem falaria eu hoje?
> Os corações são ávidos
> Cada um se apropria dos bens do seu companheiro
> A quem falaria eu hoje?
> Estou carregado de dores
> Por falta de confidente
> A quem falaria eu hoje
> O sofrimento que atinge o país não tem fim.[9]

---
[9] Ibid., p. 88.

O tema da solidão do homem – e mais precisamente do homem de fé – está sempre presente diante das controvérsias da vida. O peso da existência daquele que tudo compreende claramente e se vê morada das dores do mundo é muito frequente nos profetas, poetas e sábios antigos e de todos os tempos.

Nesse sentido, o escritor do Gênesis, com toda a sua força de expressão, como se falasse de sua própria dor, mostra Deus num grande lamento: "... a maldade do humano era grande sobre a terra, e que era continuamente mau todo o desígnio do seu coração ... a terra está cheia de violência por causa dos humanos. Eu os farei desaparecer da face da terra" (Gn 6,5.13).[10]

O tema da maldade do coração humano está ligado ao da justiça e aparece com frequência nestes textos do antigo Egito. Assim o "Romance do cidadão loquaz" que reivindica justiça perante um tribunal superior depois de ter sido lesado em seus direitos. O cidadão chega diante do grande intendente Rensi e este fica impressionado com sua eloquência e não somente o trata bem, juntamente com toda a sua família, mas o coloca no lugar do agressor, que é destituído do cargo.[11]

Este conto de elogio ao sábio e prudente encontra suas ressonâncias nas narrativas bíblicas, bem como até hoje em nossos contos populares. Estas narrativas, geralmente, têm a função de exaltar os humilhados e rebaixar os arrogantes opressores. É o caso da história de José no Egito, em que encontramos essa maneira de contar: o escravo passa a comandar tudo e os falsos magos são castigados.[12]

---

[10] Cf. Sl 14,2-3; Jr 23,9ss; Ecl 5,9-10.
[11] VV.AA. *Escritos do Oriente Antigo e fontes bíblicas*. São Paulo: Paulinas, 1992. p. 92.
[12] Observem ainda as narrativas sobre Daniel na corte de Nabucodonosor e sobre Mardoqueu e Amã (livro de Daniel e de Ester).

No Egito, encontramos também elogios mais direcionados aos que cultivam o saber e vivem dele. Assim é a "Sátira dos ofícios", que é um elogio por contraste ao ofício de escriba:

> Não há escriba que passe falta de alimento
> Que não tenha as coisas do palácio real
> O destino que advém a um escriba
> É aquele que o leva ao ápice da administração
> Agradece ao teu pai e à tua mãe
> Por terem te posto no caminho dos livros.[13]

Este mesmo contraste aparece mais tarde no livro do Eclesiástico, em que o ofício do sábio e escriba é exaltado em detrimento daquele considerado rude ou corriqueiro, como é o caso dos artesãos, agricultores etc.[14]

Na Grécia

Na Grécia antiga, a sabedoria era a arte de viver plenamente o equilíbrio e a capacidade de pronunciar-se com inteligência a respeito dos problemas, tanto da vida cotidiana quanto da política ou das leis do universo.

Sócrates afirma a nobreza da sabedoria (Sofia) que, em sua opinião, é divina e se faz presente no homem quando este pratica a virtude. Platão reduz a sabedoria ao âmbito intelectual. Para ele, só a contemplação permite o acesso à consciência intuitiva das ideias divinas, do Bem e do Belo. Aristóteles, porém, distingue sabedoria (Sofia), que é o conhecimento das causas primeiras, de *Phrónesis*, que é a sabedoria prática. Mais tarde os

---
[13] Ibid., p. 96.
[14] Cf. Eclo 38,24–39,1-11; ainda mais elogios ao ofício do sábio em: Eclo 24,30-34; Ecl 12,9-10; Pr 1,2-7; Sb 7-8.

estoicos reuniram esses dois aspectos numa só compreensão e a sabedoria passou a ser a ciência das coisas divinas e humanas: realidade divina, identificada com a razão universal e o ideal que o homem pode atingir por meio da filosofia e da prática da virtude. Todas essas reflexões são muito parecidas com aquelas encontradas no livro bíblico da Sabedoria, que nasce e se move dentro de um ambiente grego: "Pois o fruto dos trabalhos honestos é cheio de glória; imperecível é a raiz da inteligência" (Sb 3,15). "[A Sabedoria] Meditá-la é a perfeição da inteligência; quem vigia por ela logo se isenta de preocupações" (Sb 6,15). "Por isso supliquei, e inteligência me foi dada; invoquei e o espírito da Sabedoria veio a mim" (Sb 7,7).

Estas consonâncias entre a sabedoria grega e a judaica não impedirão pontos de conflito. Com efeito, os sábios de Israel consideram a sua sabedoria divina e revelada por Deus, ao passo que aquela dos gregos permaneceria humana e especulada. Veremos isto mais adiante.

A sabedoria em Israel

Hochmah

A palavra hebraica *Hochmah* exprime para os sábios o conceito de *sabedoria*; aquele que a busca e cultiva é *Hacham*, isto é, sábio. *Hochmah* e *Hacham* vão de mãos dadas, numa relação íntima com Deus, na qual se dá a revelação. Este aspecto confere à sabedoria de Israel um teor sublime, divino, pois este saber vem do próprio Deus.

Os escritores sagrados têm consciência do caráter mais elevado da sabedoria de Israel ante a sabedoria dos outros povos. Podemos encontrar vários indícios desta consciência ao longo da Bíblia. Vejamos alguns exemplos no Pentateuco. Em Gn 41, a sabedoria de José no Egito suplanta a dos egípcios. Somente por meio das revelações concedidas por Deus a José, o faraó pode conhecer a interpretação verdadeira dos seus sonhos.[15]

No livro do Deuteronômio, as nações, quando percebem a relação entre Israel e a Torah, dada por Deus no Sinai, dizem: "Só existe um povo sábio e inteligente: é esta grande nação" (Dt 4,6).

Em outras passagens da Escritura, essa diferenciação continua. No livro dos Reis (1Rs 5,10-11), por exemplo, a sabedoria de Salomão é inigualável, suplanta a de todos os povos

---

[15] Algo semelhante acontece com Daniel perante o rei Nabucodonosor (Dn 2; 4). Nesta passagem ele vai além dos feitos de José no Egito. José, depois de ouvir o relato dos sonhos do faraó, decifra-os e apresenta-lhe seus significados. Ao passo que Daniel, sem ter conhecimento do sonho do rei, narra-o e lhe revela a sua interpretação.

do Oriente. A sua fama correu o mundo e de terras longínquas vinha gente para conhecê-lo. Nos livros proféticos essa diferença é apresentada ora como uma ameaça, ora como um desafio. Isaías pergunta onde estão os deuses vãos e os adivinhos do Egito, da Babilônia e de Edom.[16] Nesse sentido, alguns Salmos fazem referência ao rir de Deus perante a hostilidade das nações para com Israel. As maquinações delas são por pura ignorância e estupidez.[17]

Esses textos todos são revestidos de um caráter didático. Por meio deles os escritores bíblicos levantam a autoestima dos membros do povo e os estimulam a buscar sempre uma resposta sábia para suas dificuldades, das mais variadas naturezas, internas e externas. Essa é a razão pela qual nasceram no seio de Israel tantas escolas de sabedoria e, por isso, podemos falar em movimento de sabedoria ou sapiencial. Na busca da sabedoria, os sábios retomam as questões fundamentais da existência humana. Muitas delas já levantadas desde a mais tenra idade do saber humano, como veremos a seguir.

Sabedoria e mito

"Mitos são pistas para as potencialidades da vida humana" (Joseph Campbell).[18]

O termo "mito", na maioria dos casos, foi e ainda é utilizado para designar algo destituído de verdade. Assim, ouvimos expressões como "o mito do Jó paciente" ou "o mito da criança inocente". De fato, para definir mito, entre outros significados, os dicionários trazem "mentira" ou "interpretação ingênua da

---

[16] Cf. Is 19,3.11-12; 44,25; 47,8-15; ver também Jr 49,7; 50,35-36; 51,57; Ab 8; Ez 28,1-9.
[17] Cf. Sl 2,4; 37,13; 59,9.
[18] CAMPBELL, Joseph. *O poder do mito*. 20. ed. São Paulo: Palas Athena, 2002. p. 6.

realidade". Apresentam "mitófano" para designar aquele que mente, "mitofobia" para falar do medo da mentira e "mitófobo" relacionado a quem tem medo da mentira.

Porém, a noção de mito tal e qual ele emerge nas comunidades humanas primitivas é altamente positiva. Para Joseph Campbell, o mito é mais que uma busca de sentido: é uma experiência de sentido. Ele nos livra assim das compreensões negativas acerca do mito, nos leva para o mais profundo de nós mesmos enquanto humanos e nos ensina a captar a mensagem dos símbolos.[19] No entanto, a redução do mito à mera fantasia ainda é amplamente semeada, até mesmo nos meios acadêmicos. Por essa razão, querer fazer uma abordagem do mito, apontando o seu caráter de verdade, valorizando-o em sua natureza profundamente simbólica e mostrando que jamais ele abandona os humanos, mesmo quando estes se creem evoluídos, parece ser algo como "nadar contra a maré".

Diante dessa constatação podemos perguntar: como é possível desenvolver reflexões positivas sobre o mito que está na base de tudo e continua alimentando nossa vida simbólica?

Aconselha-se, a quem quer iniciar os estudos bíblicos, um exame amoroso dos mitos dos povos antigos, anteriores e contemporâneos de Israel que influenciaram em sua história e, principalmente, nas narrativas bíblicas. Os mitos que tratam da origem do mundo, do ser humano e de tudo o que existe (mitos cosmogônicos ou de criação) nos interessam particularmente aqui. Estas narrativas sobre tempos primevos nos situam diante de realidades mais temidas e evitadas: o início (de onde viemos), o fim (para onde vamos), as imperfeições, os desequilíbrios, as doenças, a dor e o sofrimento, os mistérios do bem e do mal,

---

[19] Ibid.

enfim, a morte. Essas questões do mito são centrais e jamais deixarão de ser atuais.

É certo que o mito nos incomoda. Em primeiro lugar, por ser aparentemente ilógico e sem coerência e exigir sempre dos seus ouvintes ou leitores uma responsabilidade interpretativa. Em segundo, porque uma só narrativa não dá o sentido da realidade representada nela. Faz-se necessário ter uma noção do quadro todo e não somente das histórias de um só povo, para começarmos a perceber que todas elas apontam para um centro ou realidades centrais, sem as quais nos perderemos.

As narrativas míticas, diferentemente das narrativas consideradas históricas, falam de deuses e acontecimentos para além do espaço e tempo conhecidos por nós.[20] A isto se dá o nome de projeção: a história humana codificada em símbolos é projetada em um espaço e tempo inacessíveis ao ser humano. Por isso é preciso – e precioso! – interpretar. Assim, a narrativa bíblica sobre a criação não nos pode contar como Deus criou o mundo, mas sim como os humanos concebem a criação do mundo e de tudo o que está à sua volta. A essas alturas contar "mito" adquire a conotação de celebração, de ritual. Dessa maneira, contar não pode senão desembocar em rito. Uma certeza nasce: mito e rito andam de mãos dadas. Os dois encontram abrigo e nutrição em nossa memória. É como se a narrativa mítica levantasse questões que suscitam ressonâncias, e porque não dizer respostas, no rito. Na Bíblia, os autores sagrados retomam todas as histórias e grandes questionamentos míticos e os revestem da experiência de fé de Israel.[21] E assim eles nos abrem as portas da grande sala da revelação de Deus.

---

[20] Cf. RICOEUR, Paul. *A hermenêutica bíblica*. São Paulo: Loyola, 2006. pp. 247-265.

[21] CHARPENTIER, Etienne. *Para ler o Antigo Testamento*. São Paulo: Paulinas, 1986. p. 34.

Mas o que há entre os humanos primitivos do mito e os sábios de Israel da sabedoria divina revelada? Em primeira instância observamos que os textos (livros) considerados de sabedoria na Bíblia reexaminam sempre as mesmas e fundamentais questões do mito: por que sofremos? Qual é a raiz do mal? Por que morremos? Qual é sentido do existir? De onde viemos e qual o nosso destino? Porém, enquanto o mito funciona como uma projeção da realidade para um tempo muito remoto, a sabedoria, por sua vez, emerge da releitura da mesma realidade; ela é, em primeiro lugar, transformação das dificuldades em ensinamentos. Enquanto o ser humano das origens, no mito da criação, desobedece aos mandamentos de Deus e perece, o ser humano que adquire a sabedoria experimenta e ensina que cumprir os mandamentos de Deus é viver. Os escritores bíblicos releem este fato nas figuras de Adão e de Salomão, como veremos a seguir.

Adão, Salomão e a sabedoria

Nas Escrituras, Salomão é o sábio por excelência. Podemos comparar a figura de Salomão, o humano maduro, rei, com aquela de Adão, o humano imaturo, do Jardim do Éden. Veremos que eles podem ser considerados como dois lados de uma única realidade. Os dois representam comportamentos diversos diante do saber, do conhecimento que nas Escrituras vão além da mera aquisição de informações. Adquirir conhecimento corresponde a discernir o bem do mal, como faz o próprio Deus, no início da criação, separando a luz das trevas.

No mito da criação, Adão representa a humanidade em sua infância. Em Gn 2,7 está dito: "O Senhor Deus modelou o humano (em hebraico '*Adam*) do pó da terra ('*Adamah*) e soprou em seu nariz o hálito da vida".

Neste versículo percebe-se, a partir do hebraico, um jogo com o vocábulo *'Adam* (humano), tirado de *'Adamah'* (terra). Ambas as palavras provêm da mesma raiz (*'[a].D.M*). O humano, em seu início, é terra mais sopro de Deus; porém, não possui ainda o conhecimento. O autor sagrado nos diz que o conhecimento já está presente no jardim, onde o humano é posto; mas está interditado pelo mandamento de Deus. No jardim figuram duas árvores: a árvore do conhecimento do bem e do mal e, no centro, a Árvore da Vida (Gn 2,8). Imaginando esta disposição das árvores no jardim, compreendemos que, para se chegar à árvore da vida, é preciso passar primeiro pela árvore do conhecimento do bem e do mal. Ambas estão interditadas, em princípio, ao humano. Daí pode-se entender a relação profunda existente entre conhecimento e vida nos ensinamentos dos sábios.

Ora, para o humano, o conhecimento sempre foi divino. Por isso, uma vez tendo comido do fruto do conhecimento, o homem é considerado por Deus como divinizado, pois ele detém agora o saber. Então, Deus diz: "Ele se tornou como um de nós, conhecedor do bem e do mal, que ele agora não estenda a mão e colha também da Árvore da Vida e viva para sempre" (Gn 3,22).

O humano, a partir de agora, não pode permanecer onde está e sai do jardim; ele é expulso: nasce para outra etapa.

Em que difere a figura de Adão, o primeiro humano, daquela de Salomão, também conhecedor do bem e do mal? O primeiro (Adão) usurpou, roubou o saber divino,[22] ao passo que o segundo (Salomão) pediu, e Deus lho concedeu. Lemos como isto se deu, em sonho, ao jovem Salomão: "Pois bem, Senhor meu Deus, tornaste teu servo sucessor de meu pai Davi; mas eu sou um jovem que não sabe cuidar de si próprio. Teu servo está

---

[22] O humano do Jardim negligenciou a voz de Deus e deu ouvidos à voz da serpente; homem e mulher colheram e comeram do fruto interditado (Gn 3).

no meio do povo que escolheste, um povo tão numeroso que não se pode contar nem calcular. Ensina-me a escutar, para que saiba governar teu povo e discernir entre o bem e o mal; senão, quem poderá governar teu povo tão numeroso?".

"O Senhor agradou porque Salomão pediu isso, e lhe disse: 'Por teres pedido isso, e não teres pedido vida longa, nem teres pedido riquezas, nem teres pedido a vida de teus inimigos, mas inteligência para acertar no governo, eu te darei o que pediste: uma mente sábia e prudente, como nunca houve antes de ti, nem haverá depois de ti. E te darei também o que não pediste: riquezas e famas maiores que as de qualquer rei. E se andares por meus caminhos, guardando meus preceitos e mandatos, como fez teu pai Davi, eu te darei vida longa'" (1Rs 3,7-14).

Assim, na primeira ponta da linha, enquanto o primeiro humano Adão, recém-nascido, inocente, desajeitado, inconsequente, quer adquirir o saber divino por suas próprias forças, na outra ponta da mesma linha está Salomão, amadurecido, adulto, bem informado e consciente da pertença do saber divino a Deus. Somente ele pode dá-lo, revelá-lo ao humano. Então Salomão, diferentemente de Adão, concebe o saber como dom de Deus que deve ser acolhido pelo humano e cultivado. Por esse motivo, Salomão pode ser entendido como a maturação da primeira etapa da humanidade, representada pelo primeiro humano, Adão.

Esta maturidade de Salomão pode ser percebida em seu próprio nome, em hebraico *Shelomô*. Ele é derivado da raiz *SH.L.M*, que significa completar, inteirar. Este radical forma também o vocábulo conhecido *Shalom*, entendido como "paz". Nesse sentido, "paz" é mais que um sentimento, corresponde a um estado de inteireza. Assim sendo, podemos entender *Shelomô*-Salomão como o ser humano inteiro, pacificado, protótipo, por excelência, do homem sábio para judeus e cristãos.

Quando se fala de sabedoria no mundo da Bíblia e da Tradição de Israel não se trata, pura e unicamente, de uma aquisição acadêmica. O ideal judeu se apresentou e se apresenta como prática dos mandamentos da Torah. Para isso, é necessário tornar-se discípulo de sábio e tomar o caminho do estudo. O Tratado Avot da Mixná diz que um ignorante (inculto) não pode ser um piedoso.[23] Isto certamente porque lhe falta o saber necessário para praticar corretamente os mandamentos. O conhecimento para os sábios judeus brota do estudo da Torah e deve ser sempre acompanhado da prática.

Aqui é preciso realmente distinguir entre sabedoria e inteligência. Tudo indica que, para esses sábios, uma pessoa pode ser inteligente sem ser sábia, como pode ser também sábia sem ser necessariamente culta. Talvez seja dentro dessa perspectiva que encontramos Jesus no Evangelho bendizendo a Deus por ocultar o conhecimento aos grandes e revelá-lo aos pequenos. Mas a sabedoria, como já foi mencionado, não é somente dom de Deus. Se assim o fosse, e não houvesse de nossa parte o esforço em cultivá-la, que valor teriam os mandamentos? É justamente o cultivo que requer de nós disciplina e perseverança, na compreensão e prática dos preceitos de Deus, que favorecem o mérito humano. É provavelmente a isto que Jesus chama de "porta estreita" (Mt 7,13-14). Em sentido análogo, também o profeta Jeremias mostra Deus dizendo: "Que o Sábio não se glorie de sua sabedoria... mas aquele que quer gloriar-se glorie-se disto: que ele tenha inteligência e me conheça" (Jr 9,22a.23a). O apóstolo Paulo retoma: "Como diz a Escritura, aquele que se gloria, que se glorie no Senhor" (1Cor 1,31), bem como em 2Cor 10,17: "Quem se gloria, glorie-se no Senhor. Pois não aquele que recomenda a si mesmo é aprovado, mas aquele que Deus recomenda". Dessa forma, na Escritura e na Tradição, sabedoria

---

[23] Mixná, Tratado Avot 2,5.

como dom de Deus e cultivo humano estão unidos em favor do discernimento entre o bem e o mal.

O ser humano diante do mal

"Vê que ponho diante de ti hoje a vida e o bem, a morte e o mal" (Dt 30,15).

Estas palavras do livro do Deuteronômio parecem responsabilizar o próprio Deus tanto pelo bem quanto pelo mal que vêm de encontro ao povo de Israel. Quero evitar aqui discussões sobre a origem do mal. Apenas aponto a responsabilidade de Deus e de Israel diante das manifestações do que reconhecemos como mal. A Deus cabe oferecer a seu povo eleito os meios para discernir entre o bem e o mal e, consequentemente, dar-lhe a oportunidade de fazer opção pelo bem. Estes meios, Israel os recebe na Torah. Por ela Deus orienta e redime seu povo que, por sua vez, estudando, compreendendo, praticando e transmitindo os seus preceitos, escolhe e anda pelo caminho do bem, da vida. Ao contrário, trilhará o caminho do mal e, com certeza, experimentará o desacerto e a morte.

Mergulhados no limite que é a natureza do universo, enquanto criação de Deus marcada de vida e morte, teremos sempre dois caminhos. Por isso é preciso conhecer, amar o conhecimento que nos livra do engano perante os dois caminhos apresentados, já que eles se nos manifestam quase sempre sob aspectos múltiplos.

Os autores sagrados, desde o livro do Gênesis, insistem constantemente no conhecimento divino dado por revelação aos humanos. Com efeito, lemos: "O Senhor deu ao humano este mandamento: 'podes comer de todas as árvores do jardim. Mas da árvore do conhecimento do bem e do mal não comerás, porque no dia em que dela comeres terás que morrer'" (Gn 2,16-17).

Sabemos de antemão que, na sequência da narrativa (3,1-7), por sugestão e sedução da serpente o homem e a mulher comerão do fruto da árvore do conhecimento do bem e do mal. Podemos dizer que o fizeram mais por querer a igualdade com Deus do que por desejar o conhecimento que a árvore podia lhes dar. De qualquer maneira, o autor mostra que o conhecimento foi atingido, pois seus olhos se abriram e eles viram que estavam nus (3,7). Assim, os humanos morrem para uma etapa e nascem para outra. Por causa do conhecimento, morrem para a ilusão de que eram deuses, ilimitados e nascem para a verdade de que são humanos, limitados. Isso, até então, não lhes tinha sido revelado. Ainda não tinham consciência dessa verdade, e somente ela pode responsabilizá-los, doravante, por todos os atos ao longo de sua existência.

O primeiro ato simbólico de discernimento na narrativa da criação é atribuído ao próprio Deus. Ele separa a luz da treva (1,4-5), e só assim nasceu o primeiro dia, trazendo em seu existir as duas naturezas (luz e treva ou sombra) e, por que não dizer, dois caminhos. Este é o primeiro exemplo de discernimento que o próprio Deus nos dá, desde que concebamos e recebamos a luz como símbolo do bem, e a treva (sombra) como símbolo do mal. Luz e treva representam o bem e o mal em toda a Bíblia e tradição judeo-cristã.

Nas Escrituras, os escolhidos de Deus sempre andam em seus caminhos. Consequentemente vivem e transmitem vida, são abençoados e portadores de bênçãos. Noé, mesmo entre maus e corruptos, anda com Deus e faz aliança com ele (Gn 6,9–7,10). Abraão ouviu e obedeceu à orientação de Deus desde o início (Gn 12,1-9; 17,1; 18,16).[24] Na sequência, os outros

---

[24] Neste versículo, os três homens que visitam Abraão e vão em direção a Sodoma para destruí-la são enviados (anjos) de Deus; portanto, são representantes do próprio Deus. Assim sendo, andando com eles, Abraão está andando com Deus.

patriarcas, Isaac e Jacó, também fazem o mesmo. Todos os homens e mulheres do povo de Deus são mostrados trilhando os seus caminhos, desde José no Egito, passando por Moisés, Josué, juízes, profetas, reis, sábios até os discípulos de Cristo no Segundo Testamento.

O livro do Deuteronômio, em mais duas passagens, ensina-nos esta verdade de forma sublime. Na primeira o autor fala-nos da Torah como fonte de conhecimento e sabedoria de Deus: "eis que vos ensinei estatutos e normas, conforme o Senhor meu Deus me ordenara, para que os coloqueis em prática, pois isto vos tornará sábios e inteligentes aos olhos dos povos" (Dt 4,5-6a).

Na segunda, chama a nossa atenção para o caráter eterno dessa Torah que estava com Deus, portanto, oculta e, sendo-nos revelada na terra, perpetua-se de geração em geração pela transmissão: "As coisas escondidas pertencem ao Senhor nosso Deus; as coisas reveladas, porém, pertencem a nós e a nossos filhos para sempre para que ponhamos em prática todas as palavras desta Lei [Torah]" (Dt 29,28).

Nos textos das Escrituras que fazem parte da literatura sapiencial, a grande missão dos sábios é colocar, com seus ensinamentos, as palavras da Torah ao alcance da comunidade. Vejamos o Sl 1. Nele o salmista traça com clareza os dois caminhos e o perfil dos dois caminhantes, bem como a consequência da escolha para cada um dos caminhantes. Quem trilha o caminho do bem deve estar sempre atento à existência do outro caminho. Esta tensão constante do caminheiro está intimamente ligada ao temor. Com efeito, na sequência do Sl 1, o Sl 2 acopla o temor ao caminho. O temor de Deus na literatura sapiencial é apontado como o princípio da sabedoria.

Sabedoria e temor de Deus

"Aquele cujo temor do pecado é maior que sua sabedoria continuará sábio. Aquele cuja sabedoria é maior que o seu temor perderá sua sabedoria" (Mixná, Tratado Avot, 3,9).

Esta máxima dos sábios de Israel ressoa como eco transmissor das Escrituras. Com efeito, no livro do Deuteronômio lemos: "É ao Senhor teu Deus que temerás. A ele servirás e em seu nome jurarás" (Dt 6,13). Os ensinamentos do movimento sapiencial, que são extensões ou releitura da Torah, vão sempre apontar para a verdadeira sabedoria ligada ou fundada no temor de Deus. O salmista assim reza: "O princípio da sabedoria é temer o Senhor" (Sl 110,11). E o autor de Provérbios, no primeiro capítulo, reconhecendo que os filhos de Israel haviam se distanciado dos ensinamentos sagrados do Sinai e prevendo as consequências desastrosas, diz: "Porque odiaram o conhecimento e não escolheram o temor do Senhor" (Pr 1,29).

Somos sempre propensos a compreender ou traduzir o vocábulo "temor" por "medo". Este hábito talvez venha do confronto com frequentes referências a Deus no Primeiro Testamento, como "Deus terrível", "Senhor dos Exércitos" etc. Mas, pelo que tudo consta, estas maneiras de falar de Deus, ou de se dirigir diretamente a ele, na Bíblia, revelam sempre atitudes suas diante dos inimigos de Israel. Tal é, no livro do Êxodo, o canto de vitória após a passagem do mar:

"O Senhor é um guerreiro [...]
quem é igual a ti, entre os fortes?
Quem é igual a ti, ilustre em santidade?
Terrível nas façanhas, hábil em maravilhas?
(Ex 15,3.11).

Neste canto, o autor mostra os filhos de Israel seguros e confiantes em seu Deus, diante da libertação das garras do poder opressor do inimigo. Essa maneira de dizer visa, provavelmente, ao despertar da fé e da coragem na comunidade, que não mais está no passado e no deserto, mas que recorda e celebra nos dias atuais, lendo o texto na liturgia. Do ponto de vista didático, a ira de Deus e o terror que ele espalha apontam para o seu cuidado com Israel, seu eleito. Isto não deve causar medo, mas confiança.

> Lançaste tua ira e a terra os engoliu (os opressores)
> levaste em teu amor este povo que remiste,
> e o guiaste com poder para a morada que consagraste
> (Ex 15,12-13).
> E o mesmo cântico mostra o terror dos adversários:
> Os povos ouviram falar e começaram a tremer;
> dores se espalharam no meio dos filisteus
> e ficaram com *medo* os habitantes de Edom, os chefes de Moab o *temor* os dominou,
> todos cambaleiam, os habitantes de Canaã,
> a eles sobrevêm o *temor* e o *tremor* (Ex 15,14-16a).

E no versículo que antecede o cântico, podemos ler: "Israel viu o grande poder que o Senhor havia mostrado contra eles [os egípcios]. E o povo [Israel] *temeu* o Senhor, e creram no Senhor e em Moisés seu servo" (Ex 14,31).

Estes textos causam certa confusão, devido ao vocabulário neles utilizado. De fato, o vocábulo central é "temor" ou mesmo o verbo "temer", que expressam tanto a reação de Israel diante de Deus quanto aquela dos povos inimigos e opressores perante os atacantes.

Os filhos de Israel, bem como os seus opressores temem. O que diferencia o "temor-tremor" de Israel do "temor-tremor" de seus inimigos? Creio eu que os escritores e os sábios colocam o diferencial no fator intimidade, na relação de escolha e aliança. Israel é mostrado como aquele que conhece o seu Deus e o ama; por isso ele obedece aos seus mandamentos e o teme. Esse temor é revestido de confiança e, ao mesmo tempo, de extremo respeito, reverência e, principalmente, amor. Nas Escrituras e nos comentários rabínicos o amor vem sempre unido ao temor de Deus. Mas, na maioria das vezes, o amor é posto em primeiro lugar e o temor surge como consequência.

Na tradição bíblica, o temor de Deus está intimamente ligado à liberdade. Com efeito, lemos: "Fica atento a ti mesmo! Não te esqueças do Senhor que te fez sair da terra do Egito, da casa da escravidão! É ao Senhor teu Deus que temerás. A ele servirás e pelo seu nome jurarás" (Dt 6,12-13).

Isto deve ensinar-nos que, na verdade, quem a Deus teme a mais ninguém teme, ou seja, torna-se livre. Por esta razão, uma antiga tradição em Israel reza: "o temor de Deus liberta de todos os temores".[25]

O temor de Deus está também ligado à sua obediência. Quem o teme obedece, quem não o teme negligencia seus mandamentos. Por isso o temor leva à imitação.

Sabedoria e imitação de Deus

Os sábios de Israel insistem na sabedoria como revelação de Deus. Ela é seu dom, concedido aos que o amam e o buscam. Por essa razão, torna-se impossível desvinculá-la do dom da Torah no Sinai, bem como da eleição e da aliança. Os sábios, diferentemente dos profetas, não concebem a revelação diretamente de Deus. Eles ocupam-se da revelação do Sinai, buscando compreendê-la a fim de transmiti-la a seus discípulos.

---

[25] Cf. Pr 28,14; Ecl 3,14; Dt 10,12; Jó 28,28.

Segundo a tradição, Deus e Israel, como na metáfora do Cântico dos Cânticos, mutuamente se buscam. Não é somente Israel, enquanto povo eleito, que deseja a revelação de Deus, mas o próprio Deus, em seu amor, quer se revelar a ele. Revelação e relação são inseparáveis. Não há revelação fora da relação. Nela, o conhecimento mútuo se acentua e nisto se dá a revelação. Assim, graças à relação com Israel, Deus se revela e, por meio desta revelação, Israel pode tomar conhecimento do seu Deus, saber de sua vontade e, em suma, praticar os seus mandamentos.

No Pentateuco, bate-se sempre na tecla da revelação de Deus aos antepassados, sobretudo, aos patriarcas.[26] Mas esta revelação não se destina somente aos patriarcas em tempos e lugares distantes; ela se estende aos seus descendentes, lá onde estes se encontrarem em dias e lugares atuais. Isso nos mostra que Deus continua se revelando, ensinando-nos as suas vias e exigindo que nelas andemos.

Nesse sentido, a compreensão e a experiência da revelação de Deus desembocarão, para Israel, na questão da "imitação". O conceito de "imitação de Deus" é implícito na Bíblia, mas torna-se explícito pela consciência adquirida de sermos criados à sua imagem e semelhança (Gn 1,26) e pelo trabalho interpretativo das Escrituras desenvolvido pelos sábios. Por isso, não se pode tampouco desvincular "imitação" de revelação. Imitar é fazer como Deus faz; é simplesmente, para os humanos, a prática dos ensinamentos revelados por ele.[27] Dessa forma, a "imitação"

---

[26] Deus diz a Jacó: "Eu sou o Senhor, o Deus de Abraão, teu pai, e o Deus de Isaac" (Gn 28,13); e quando se manifesta a Moisés, diz: "Assim dirás aos filhos de Israel: o Senhor, o Deus de vossos pais, o Deus de Abraão, o Deus de Isaac e o Deus de Jacó me enviou a vós" (Ex 3,15).

[27] Um exemplo é o fato de Deus ter criado o mundo em seis dias e descansado no sétimo (Gn 2,2-3). Nós faremos o mesmo, trabalhando seis dias da semana e descansando no sétimo (cf. também Ex 20,8-11).

se dá pelo esforço de viver segundo os atributos de Deus: santidade,[28] sabedoria, bondade, amor, justiça, misericórdia etc.

Estes atributos divinos são acessíveis ao discípulo. O livro dos Provérbios, desde o início, esclarece bem esse ponto:

> Para conhecer sabedoria e disciplina,
> Para entender as sentenças profundas,
> Para adquirir disciplina e sensatez,
> Justiça, direito e retidão,
> Para ensinar sagacidade aos ingênuos,
> Conhecimento e reflexão ao jovem,
> Para entender provérbios e sentenças obscuras,
> Os ditos dos sábios e os seus enigmas.
> Que o sábio escute e aumente a sua experiência,
> E o prudente adquira a arte de dirigir.
> O temor do Senhor é princípio de conhecimento:
> Os estultos desprezam sabedoria e disciplina (Pr 1,2-7).

Assim, as Escrituras como um todo e, principalmente, os escritos sapienciais marcam aqueles que se deixam modelar pelos ensinamentos de Deus com um vocabulário específico: eleito, justo, íntegro, reto, contrariamente aos outros que são chamados de ímpios, maus, pecadores etc. Podemos encerrar esta parte reconhecendo que a sabedoria é um dom de Deus revelador do seu querer. Quando assimilado, praticado e transmitido, este dom modela os humanos segundo o querer do próprio Deus e faz deles seus sábios imitadores.

O conceito de "imitar" é muito próximo de "servir", de "ser fiel". O servo imita o seu mestre, seu senhor, e o seu serviço é como a extensão, a ampliação da própria obra do senhor. Ele

---

[28] Nesse sentido, o ensinamento mais importante da Escritura está no livro de Levítico: "Sede santos, porque eu, o Senhor, vosso Deus, sou santo" (Lv 19,2).

deve conhecê-lo, saber do seu querer, bem como da sua casa e dos seus domínios. Isso para agir como se fosse o mesmo senhor agindo. Dentro dessa dimensão vamos encontrar Jó.

2º Tema
O livro de Jó

O livro de Jó é composto de quarenta e dois capítulos que podem ser divididos por temas. Para um estudo mais didático, a nossa intenção é seguir as linhas gerais da narrativa, levando em consideração os pontos mais relevantes e as consonâncias com outros textos da Escritura e do Segundo Testamento. A nossa proposta de leitura é orientada pelas necessidades das comunidades de fé que buscam uma reflexão acerca desses temas apontados em Jó, sobretudo o problema do sofrimento, do mistério do existir e do pensar humano, do limite e do infinito, do mal e da morte.

O livro será dividido em cinco partes, seguindo a orientação mais comumente utilizada,[1] obedecendo à seguinte ordem:

1. Prólogo (1,1–2,13).

2. Diálogo de Jó com seus três amigos: Elifaz de Teman, Bildad de Shuah e Sofar de Naamá (3,1–31,40).

3. Sequência de uma série de discursos com a chegada de um quarto amigo: Elihu, filho de Barakel (32,1–37,24).

4. Diálogo entre Jó e Deus (38,1– 42,6).

5. Parte conclusiva em prosa, na qual Jó recupera tudo o que havia perdido e morre saciado de dias (42,7-17).

---

[1] Cf. Introdução ao livro de Jó na Tradução Ecumênica da Bíblia (TEB). São Paulo: Loyola, 1994.

Alguns estudiosos pensam que o prólogo (1,1–2,13) e o epílogo (42,7-17) já existiam enquanto história conhecida no Oriente e contada como ensinamento de sabedoria. Os sábios de Israel sabiam desta história e, após a experiência do exílio da Babilônia em 587 a.E.C., ampliaram-na, relendo, na figura do até então conhecido Jó, a experiência do povo de Israel no exílio.

Narrativa em dois planos

O autor de Jó trabalha os acontecimentos e as relações de forma alternada em dois planos principais. Os acontecimentos se dão de forma simultânea em duas dimensões que interagem: o céu e a terra, o alto e o baixo, o visível e o invisível. Quanto às relações, nelas estão sempre em jogo diálogos entre o humano e o divino, o humano e o humano.

Os dois planos estão em constante interferência. Aquele de baixo é orientado pelo superior. Mas os humanos imaginam o mundo invisível a partir do mundo do seu convívio. Assim, o trono e o reinado de Deus no céu seguem a mesma organização e são expressos pelo mesmo vocabulário utilizado para designar os reinados conhecidos na terra. Nela, os súditos se apresentam diante do rei para dar notícias de seus empreendimentos; o mesmo acontece no céu. O autor de Jó mostra Deus, rei do universo, recebendo os seus filhos e obtendo informações sobre tudo e todos, julgando e tomando decisões.

Dentro dos planos já mencionados, as cenas na terra e no céu se intercalam:

a) a primeira cena dá-se na terra. Nela, o narrador introduz a personagem de Jó e a descreve como um homem rico e feliz (1,1-5).

b) a segunda cena acontece no céu (1,6-12). Um cortejo dos filhos de Deus desfila diante dele. Neste cortejo está também

Satan.² O narrador coloca em diálogo Deus e Satan, que acaba de percorrer toda a terra. Deus lhe pergunta: "Reparaste em meu servo Jó, não há outro igual na terra, teme a Deus e se afasta do mal" (1,8). Satan contrapõe que Jó não teme a Deus gratuitamente. Ele afirma: "Colocaste um muro de proteção em torno dele e de seus bens" (1,9-10). Deus permite a Satan destruir os bens de Jó. Assim, a prova foi decidida no céu.

c) a terceira cena é novamente na terra (1,13-22). Ela traz as consequências das decisões tomadas no céu. Satan vem com autorização confirmada por Deus e ataca os bens de Jó: propriedades e filhos. Diante das calamidades, Jó rasga as vestes e exclama: "Nu saí do ventre de minha mãe e nu voltarei para lá. O Senhor deu, o Senhor tirou, bendito seja o nome do Senhor" (1,21). Tudo conspira contra Jó, mas mesmo assim ele não se revolta contra Deus, "não cometeu pecado" (v. 22).

d) a quarta cena, no céu, consiste na intensificação da prova de Jó (2,1-6). Dessa vez Satan diz: "para salvar sua vida o homem dá tudo o que possui" (2,4b). A prova ainda não está completa: Deus permite a Satan atingir Jó em seu corpo, mas sem atentar contra sua vida.

e) a quinta cena dá-se na terra (2,7-13). Jó é ferido em seu corpo; com um caco de cerâmica senta-se na cinza. Esta cena se divide em dois ambientes. O primeiro é interno, aquele de sua própria casa, onde ele ouve as injúrias de sua mulher: "Persistes ainda em tua integridade? Amaldiçoa a Deus e morre de uma vez" (2,9). Jó a censura, considerando idiota a sua fala, e profere a grande máxima de sabedoria: "Se recebemos de Deus os bens,

---

[2] Anjo (mensageiro) encarregado de observar tudo o que acontece na terra e informar no céu. Por isso, quando Deus lhe pergunta de onde vem, este responde: "Venho de dar uma volta pela terra" (1,7). O termo "satan", tanto em grego quanto em hebraico, designa o acusador. É esta a função de Satan: acusar Jó diante de Deus.

não deveríamos receber também os males?" (2,10). O segundo reflete o ambiente externo: Jó recebe a visita de amigos de terras distantes. Eles o contemplam em sua dor, silenciosamente, durante sete dias e sete noites e, somente depois, começam a dialogar sobre o sofrimento e as suas possíveis causas.

f) a última cena, como a primeira, acontece na terra (cap. 42) e pode ser dividida em três momentos. Nela, em primeiro lugar, afirma-se definitivamente a fidelidade de Jó e o domínio absoluto do céu sobre a terra, de Deus sobre o humano e tudo o que existe. O conhecimento de Deus advindo da experiência existencial de Jó suplanta as informações recebidas: "Conhecia-te só de ouvido, mas agora te viram meus olhos" (42,5). Em segundo lugar, os amigos de Jó são censurados porque, diferentemente dele, não falaram corretamente de Deus; só não foram punidos graças aos méritos e intercessão do próprio Jó (42,7-9). Num terceiro e último momento Deus muda a sorte de Jó e duplica os seus bens.

O procedimento do autor instiga o leitor. Ele mostra um homem fiel em sua relação com Deus e que tinha tudo, mas que tudo perde numa prova consentida pelo próprio Deus. Por não ter sido encontrado nele nenhum delito, recupera tudo em dobro. Uma história desse teor não pode ser contada por nada ou por pouca razão. A semelhança entre a história de Jó e a de Israel no exílio levou alguns sábios a ver nela uma metáfora da própria história de Israel.

A figura de Jó e o exílio

Muitos estudiosos leem o livro de Jó considerando-o como reflexões dos sábios sobre o exílio da Babilônia, suas causas e consequências para os filhos de Israel. A tônica da narrativa é posta sobre a fidelidade de Jó que, apesar de todos os infortúnios, continua fiel a seu Deus. Todos os obstáculos enfrentados por ele são para prová-lo. Continuando fiel, Jó orienta o curso do seu próprio destino.

Esse jeito de contar nos faz lembrar de outros livros da Bíblia considerados, do ponto de vista literário, como novelas didáticas, como, por exemplo, o livro de Tobias e o de Jonas. Nas três obras, temos motivos para simbolizar o exílio: a doença de Jó, a cegueira de Tobias e o grande peixe que engole Jonas. Os três vencem esses obstáculos e saem deles, refeitos, transformados: Tobias recupera a vista, Jó a saúde e Jonas, após três dias no fundo do mar, é vomitado em terra firme.[3] O grande peixe engoliu um Jonas medroso e sem consciência; o vomita, corajoso e consciente de sua identidade e missão.

Assim, se considerarmos a doença de Jó como metáfora para o exílio, podemos entendê-lo como figura representativa de Israel. A doença é uma provação para ele, como o exílio constitui uma provação para Israel. Jó sai inteiro de sua doença, purificado de conceitos obscuros sobre Deus e sobre o ser humano, convicto de que sua experiência suplanta qualquer informação ou ideia pré-fabricada de Deus e de si mesmo. Israel também volta do exílio consciente de sua identidade como povo eleito, cujo centro vital é a Torah, dom de Deus do Sinai, e o serviço do Templo e a prática dos mandamentos.

Essa maneira de ler o livro de Jó apoia-se na própria tradição bíblica. Nela ensina-se que a experiência do exílio para Israel se dá sempre em meio a duras penas. É desestabilizador ser tirado da própria terra, não ter mais liturgia do Templo, ser obrigado a outros costumes e línguas. Estas duras penas

---

[3] Desde as primeiras narrativas do livro do Gênesis, a "água" representa o caos, e a "terra firme" retrata o cosmos organizado. Controlar, no início de tudo, a água do caos para que apareça a terra firme é parte importante da ação cosmificadora de Deus (cf. Gn 1,9-10).

impostas pelo exílio paradoxalmente favorecem um caminho para a fidelidade. Assim, os escritores bíblicos enfatizam sempre os aspectos da fidelidade e do serviço no itinerário em busca da liberdade.

Na narrativa do livro do Êxodo aparecem semelhantes ideias e ensinamentos sobre o exílio do Egito. Os filhos de Israel devem sair da terra da escravidão para, livres, ou seja, inteiros servir a Deus no deserto,[4] fazer aliança com ele,[5] receber dele a Torah e marchar em direção à terra da promessa e da vivência da liberdade.[6] A primeira razão dada para a saída de Israel do Egito é o serviço a Deus. Dessa forma, Israel é apontado como servo de Deus, da mesma maneira que Jó. Com efeito, o autor de Jó mostra-nos Deus perguntando a Satan: "Reparaste em meu servo Jó?" (1,8). Com esta pergunta, o escritor bíblico dá início à prova pela qual Jó, como todo justo, passará. Portanto, nossos olhos devem se voltar firmemente para o servo, com mais um acréscimo de fundamental importância: servo fiel. Ser "servo fiel", eis a razão da existência de Israel.

Similarmente, leem-se também nos textos do profeta Isaías quatro cânticos de louvor ao servo.[7] Nesses poemas, o servo em questão, como no livro de Jó, parece ser um indivíduo, porém, num dado momento, o autor declara quem é o servo, ao dizer: "Tu és meu servo Israel em quem me gloriarei" (Is 49,3).

O mesmo acontece com Jesus, servo fiel, testado como Jó, pelo mesmo adversário.[8] Mateus mostra Jesus respondendo ao

---

[4] Cf. Ex 3,18b; 4,23; 5,3b.
[5] Cf. Ex 12,1-14.
[6] Cf. Ex 19-20.
[7] Cf. Is 42,1-9; 49,1-7; 50,4-11; 52,13–53,1ss.
[8] Cf., por exemplo, Mt 4,1ss; Mc 1,12; Lc 4,1ss.

Diabo[9] com a citação do livro do Deuteronômio: "É ao Senhor, teu Deus, que temerás; só a ele servirás...".[10] E os cânticos do servo de Isaías são relidos nos Evangelhos em consonância com o sofrimento redentor de Jesus.[11]

Nas histórias mais comuns de todos os povos, os heróis têm de passar por duras provas. Este é ponto-chave para que alguém seja reconhecido como herói, perpetuado na memória e abraçado pelos demais como modelo a ser imitado. Na Bíblia não é diferente: o justo deve passar por inúmeros e difíceis obstáculos que compõem a sua prova. Dessa maneira damos início ao tema do "sofrimento do justo", muito caro nas Escrituras, sobretudo, nos escritos sapienciais e, de maneira singular, em Jó.

Jó e o sofrimento do justo

Creio não haver nenhuma pessoa neste mundo que nunca se tenha sentido incomodada com os infortúnios dos bons, diante do conforto e da impunidade dos estúpidos e malvados. A Bíblia aborda estas questões insistindo sempre, de maneira clara ou insinuativa, no valor de ser bom, justo e andar nos caminhos do Senhor.

No início do livro do Gênesis, num mundo que desagradava a Deus, achavam-se Noé e Abraão agindo de forma diferente e encontrando graça a seus olhos (isto é, agradando). Noé era um homem justo, íntegro entre seus contemporâneos corruptos e andava com Deus (Gn 6,8-9). Quanto a Abrão, Deus disse: "Anda na minha presença e sê perfeito" (Gn 17,1) e, em seguida, "... eis a minha aliança contigo" (Gn 17,4). A partir desse momento Abrão passa a chamar-se Abraão, pois tornar-se-á pai de

---

[9] O termo "diabo" etimologicamente significa "aquele que divide".
[10] Cf. Dt 6,13.
[11] Cf. Mt 3,17ss; 12; 26,63; 27,29-31.

multidões. Daqui podemos entender que a expressão "andar", "caminhar" na presença ou "no caminho" de Deus corresponde a fazer aliança com ele. Em Gn 18, em que Deus lhe apareceu nas figuras dos três homens, é dito: "Abraão caminhava com eles" (Gn 18,16).

A força didática da Escritura está voltada para a orientação de cada indivíduo nesse caminho, ou seja, na relação de aliança. A relação distinta e única com Deus identifica e unifica os envolvidos nela. Por isso, os filhos de Israel são, às vezes, apresentados como se fossem um só homem.[12] Esta distinção de Israel, que não é privilégio mas compromisso e missão, acarreta-lhe, inevitavelmente, dificuldades; desperta sempre ciúme por parte de quem não foi escolhido. É assim justificado o ciúme de Caim para com Abel, de Esaú para com Jacó, dos filhos de Jacó para com José, das nações para com Israel, o eleito. E, finalmente, o apóstolo Paulo fala do ciúme de Israel para com os cristãos que abrem seus braços para Jesus de Nazaré como Cristo e Messias.[13]

O ciúme das nações torna-se declarada hostilidade para com Israel. Elas querem destruí-lo, assim como os escravos não suportam os livres e investem em perseguições contra eles. Nas Escrituras o justo tem plena consciência disso. Ele sabe o porquê de suas perseguições e sofrimentos.

Voltemos à questão de Jó, nosso justo sofredor. O autor no-lo apresenta como alguém perfeitamente cônscio de sua inocência quanto ao seu sofrer. Ele sabe que o seu sofrimento não provém de erros cometidos e de infidelidades, mas, ao contrário, vem porque ele é justo e fiel. Por isso, o texto não mostra um homem se perguntando pelas causas do seu sofrimento, mas

---

[12] Cf. Esd 3,1; At 4,32.
[13] Cf. Rm 10,19b; 11,11-15.

argumentando com sua esposa e amigos que o seu sofrer não pode ser consequência de seus pecados. Ele sabe não haver feito nenhum mal, nem a Deus nem a quem quer que seja.

Outro olhar

Ao longo de séculos a fio a tradição judaica e a cristã nos legaram comentários sem conta sobre o livro de Jó nos seus mais variados aspectos. Dentre estes encontram especial destaque o sofrimento do justo, o bem e o mal e, sobretudo, a questão da retribuição divina. Estes e outros temas serão também abordados aqui. Mas quero, sem excluir outras possibilidades de leitura, propor um olhar mais seletivo sobre a questão da liberdade que, a meu ver, está intimamente ligada à da felicidade; liberdade e felicidade experimentadas dentro das relações humanas.

Podemos perguntar: é possível construir e cultivar relações verdadeiras que desemboquem em liberdade, tanto na dimensão humano-humana quanto na dimensão humano-divina? É possível ao humano permitir, ou pelo menos aceitar, que Deus seja Deus? Ou ainda: é possível ao humano abraçar, em sua consciência, um Deus que permita a humanidade do humano?

A relação do humano com Deus é marcada, no livro de Jó, pela retribuição divina. Mas, se Deus premia o humano por atos bons e o pune por comportamentos errôneos ou maus, esse Deus não passa de um ser manipulado; uma espécie de marionete nas mãos do humano. Isso por um lado. Por outro lado, como consequência, o próprio humano se vê um manipulador não somente de Deus, mas também de si próprio, e tem de enfrentar o seu vazio e a insatisfação de suas próprias respostas diante do mistério do seu existir, bem como do existir do mundo e de Deus. Nessa relação do humano com Deus, consigo mesmo e com o que está à sua volta, a ausência do mistério já é a presença do vazio. Essa talvez seja a maior prisão, a maior escravidão: o apego a fórmulas, conceitos e a tudo que traz em si a marca da provisoriedade.

Para tratar da verdadeira liberdade do humano, o autor de Jó volta a princípios básicos da própria natureza. Nela, tudo o que não existia e veio à existência, mais cedo ou mais tarde, vai deixar de existir; o que foi encontrado pode ser perdido etc. Tudo isso desemboca numa única fala nos lábios de Jó: "Nu saí do ventre de minha mãe, nu para lá voltarei. O Senhor deu, o Senhor tirou, bendito seja o nome do Senhor" (Jó 1,21).

Nisso, Jó estampa sua experiência da verdade. Deus para ele está além do que o humano pode receber ou perder. Louvá-lo e agradecê-lo pelos bens e amaldiçoá-lo pela perda dos mesmos, como sugere sua esposa (Jó 2,9), é no mínimo uma ignorância. Isso diz respeito à dimensão humano-divina da relação, ou seja, como o humano vê Deus. A outra face desse ensinamento brota da primeira: o ser humano não se pode resumir apenas aos seus atos bons ou maus.

Essa experiência sapiencial humana perpassa fronteiras de tempo, espaço, cultura e reaparece tão clara e tão viva, lá onde menos se espera. Fiquemos agora com Jó na casa de seu Pedrim.

Seu Pedrim e Jó

Em nossas memórias moram histórias. Muitas delas sem tanta razão de ser, por ainda esperarem o tempo certo de se levantar em nós, revestidas de significado.

Nas terras onde nasci, município de Francisco Sá, norte de Minas Gerais, havia um homem, Pedro Severino Barbosa, conhecido de todos por "Seu Pedrim" ou, simplesmente, "Pidrim Véi", como era, por carinho ou verdade dos outros, comumente chamado. Seu Pedrim era um homem sistemático, que despertava nos presentes temeroso respeito. Gostava de plantar árvores frutíferas e tudo de mais exótico que a pouca terra, na beira do córrego, podia favorecer. E a terra sempre nos dá mais do que necessitamos, quando bem-amada e cuidada.

Esse homem, do fundo do nosso chão, abria a boca em provérbios e parábolas e suas máximas sem conta desfilam, ainda hoje, ensinando a gente sem escola coisas profundas, eternas, de outros mundos.

Entre tantas e outras coisas, dizia esse homem que devemos dar graças a Deus por tudo o que nos vem, seja pelo bem ou até mesmo pelo mal. Por tudo, dizia ele, devemos dar graças a Deus. Aconteceu que, numa noite das sem conta que passaram pelo seu rancho, sua esposa, já velhinha e cansada, não mais viu a névoa da baixada: dormiu para sempre. Assim como veio, se foi. Depositaram-na ali mesmo na porta da frente, da banda de fora, junto à moita de zabumba e dos pés de bonina. Dias depois, seu Pedrim vai a Francisco Sá, o famoso Brejo das Almas e sede do município, comprar, como de costume, o necessário para o sustento. Lá chegando, um comerciante que o conhecia, ciente do acontecido e, vendo-o de camisa preta, lembrou-se e indagou: "O senhor ficou viúvo, seu Pedro?".

Ao que ele, tirando o chapéu e curvando-se, dado o sagrado respeito pela hora dessa memória e palavra ouvida e, mais ainda, por reverência e respeito pela palavra a ser dita, respondeu prontamente: "Graças a Deus, graças a Deus! Graças a Deus!".

Mais tarde, em contato com as histórias da Bíblia, vi que as palavras e ensinamentos vazados pelos lábios de Seu Pedrim eram os mesmos de Jó, de Provérbios, enfim, das Escrituras. Mais tarde ainda, entrando no mundo dos sábios da tradição de Israel e em suas casas de estudo e oração, vi-me de frente com as mesmas palavras, mesma verdade, mesmo entendimento, mesmo mistério.

Resta-nos ainda, neste momento, prosseguir nosso caminho perguntando o que é o bem e o que é o mal.

O bem e o mal em Jó

O mal, do ponto de vista da experiência individual e corriqueira, é a chegada do que não gosto e, por conseguinte, não quero, como pode ser também a retirada ou a perda do que desejo ou quero, no momento. É muito significativo ouvir Jó dizer: "se recebemos de Deus os bens, não deveríamos receber também os males?" (2,10). Aqui, tendo em vista a história de Seu Pedrim, percebe-se que o autor de Jó chama de *bens* o que Deus lhe concedeu como dom, e de *males* a retirada do que ele possuía, ou seja, o dom. Com efeito, é dito: Jó tinha muitos bens: filhos, terras, animais, servos e saúde. Logo, pode-se compreender que tanto o bem quanto o mal não estão nas coisas em si, mas na relação que o humano estabelece com elas.

O problema do mal sempre ocupou lugar especial nos pensamentos de homens e mulheres de todos os lugares e tempos e, enquanto tema, nunca foi e jamais será esgotado. Ao falar do mal, estamos diante de uma das realidades mais instigantes, complexas e enigmáticas. Separemos, do ponto de vista didático, algumas dimensões ou prismas por meio dos quais abordaremos a questão do mal:

a) pode ser considerado um mal o caráter provisório de tudo o que existe, dado o constante movimento das coisas deste mundo. Como consequência, temos chegadas e saídas de entes queridos, aquisições e perdas, nascimentos e mortes. Estes são dados referentes à natureza do mundo criado. De onde nos vem, então, considerar os primeiros como um bem e os segundos como um mal?

b) consideremos o mal moral: é aquele que emerge como resultado da infração a um código de leis. Na língua latina, a palavra para designar essa infração é *peccatum* (pecado). Com efeito, como diz o apóstolo Paulo, não existe pecado se não há lei (Rm 7,7-8). Assim, sobretudo para o homem religioso, conhecedor das Escrituras Sagradas, é um grande mal se apossar dos bens do outro porque está escrito "Não roubarás" (Ex 20,15).

c) o mal como sofrimento tem suas raízes na consciência humana. Para que alguém sofra, é preciso que seja consciente. Quem não conserva vivo na memória um delito contra alguém no passado e, por isso, não teme punições no presente ou mesmo no futuro, não sofre. O sofrimento está intimamente ligado ao pensamento. E, por sua vez, ao conhecimento. Com efeito, Qohelet diz: "Quanto mais conhecimento, mais sofrimento" (Ecl 1,18).

d) por último, é preciso mencionar a possibilidade de concepção do mal como tendo existência em si. Se assim o fizermos, devemos também admitir que aquilo que experimentamos e consideramos "mal" não passa de manifestações desse grande ser que age no mundo nos causando prejuízos de todas as sortes. Desta última possibilidade de reflexão sobre o mal como "ente" sempre se ocuparam os filósofos e teólogos, levantando questões sobre sua origem, natureza e manifestações. Tanto o bem quanto o mal são realidades invisíveis e carecem de representações simbólicas. Estas representações ou figuras vão sendo elaboradas e transmitidas a partir das experiências humanas.

Os escritores bíblicos, até o exílio da Babilônia, não tinham uma figura representativa para o mal. Por essa razão, nos escritos mais antigos quem faz tanto o bem quanto o mal, na concepção de Israel – por incrível e até inaceitável que seja –, é o próprio Deus.[14] Esta compreensão encontra reflexo em textos de épocas e proveniências variadas e, em alguns deles, de forma bem declarada. Sobre comportamentos estranhos de Saul é dito que "Um espírito mau da parte do Senhor lhe causava terror" (1Sm 16,14b). De forma análoga o profeta Isaías mostra Deus dizendo: "Eu formo a luz e crio as trevas, asseguro o bem-estar e crio a desgraça: sim eu, o Senhor, faço tudo isso" (Is 45,7). Algo semelhante há nos escritos do profeta Amós: "Se acontece uma desgraça na cidade não foi o Senhor quem agiu?" (Am 3,6b). Em Eclesiástico lê-se: "Bem e mal, vida e morte, pobreza e riqueza, tudo vem do Senhor" (Eclo 11,14). Estas passagens nos mostram quanto os ensinamentos do livro de Jó estão enraizados nas Escrituras como um todo. Tal enraizamento permite esta declaração: "Se recebemos de Deus os bens, não deveríamos receber também os males?" (Jó 2,10b).

A figura de Satan

"No dia em que os filhos de Deus vieram apresentar-se ao Senhor, entre eles veio também Satan. O Senhor então lhe perguntou: 'donde vens?' – 'Venho de dar uma volta pela terra'..." (Jó 1,6-7).

O vocábulo "Satan", tanto em hebraico quanto em grego, significa hostilizar, acusar, caluniar, perseguir e designa o acusador, o caluniador, o adversário.[15] Partindo dessa compreensão, podemos conceber "Satan" não como um ser de existência real e definida, mas como uma função.

---

[14] Cf. SANFORD, John. A. *Mal*; o lado sombrio da realidade. 2. ed. São Paulo: Paulinas, 1998. p. 48.

[15] Cf. VAN DEN BORN, A. *Dicionário Enciclopédico da Bíblia*. 5. ed. Petrópolis: Vozes, 1971. p. 1396.

É nestes termos que Amos Hacham, um estudioso judeu, apresenta a figura de Satan em Jó e, particularmente, Jó 6,1: "O termo 'Satan' não é nome próprio mas indica um cargo, uma função: a função de percorrer a terra, procurando nela os pecadores (transgressores dos decretos e desígnios divinos)".[16]

Considerando este comentário, podemos levantar outros questionamentos acerca de Satan. Quem é essa figura que exerce a função de "olhos e ouvidos de Deus", similarmente à função de "olhos e ouvidos do rei" nos reinos da terra? Satan é inimigo de Deus e de Jó? Ele é amigo de Deus e de Jó? Ou amigo de um e inimigo do outro? A sua função é estabelecida pelo próprio Deus?

Esse versículo, em hebraico, nos abre e oferece outras possibilidades de leitura. Por exemplo, a expressão "entre eles" é a tradução do termo hebraico *betocham*. Em hebraico, a preposição *betoch* é traduzida comumente em português por "entre", porém esta mesma preposição pode ser traduzida como "dentro" ou "no interior de". Se tomarmos a segunda proposta de leitura, a função de Satan passa a ser entendida como exercida pelos próprios filhos de Deus que se apresentam diante dele para a costumeira revista. Assim compreendendo, Satan não vai "entre eles", mas "no interior deles".[17]

Amos Hacham, em seu comentário, interpreta *betocham* referindo-se a Satan "como um deles". Isso pode significar não somente que Satan vem junto com eles, mas que ele (Satan),

---

[16] HACHAM, Amos. *Comentário sobre Jó (hebraico)*. Jerusalém: Ed. Mossad Harav Kook, 1984. p. 7.

[17] No Evangelho de João, na noite da traição, Jesus entrega a Judas um pedaço de pão umedecido no molho. É dito: "depois do pão, entrou nele Satanás" (Jo 13,27). Na versão grega "Satanás", na hebraica "Satan". Interessa muito aqui perceber como o evangelista mostra Satan indo no interior de um dos membros do grupo para acusar o justo.

juntamente com eles (os filhos de Deus) formam uma unidade. Esta unidade é composta de duas partes ou lados dos mesmos indivíduos: uma defensora, a outra acusadora.

Existe outro dado importante a ser considerado: Satan, enquanto linguagem e função exercida por aquele que acusa, deve pertencer também, no sentido prático, ao âmbito dos tribunais. No tribunal é preciso que haja advogados: um de defesa (Peraklit)[18] e outro de acusação (Satan), para que o juiz possa pronunciar a sentença.

Podemos, então, indagar sobre a mudança ocorrida em torno da figura de Satan. Como ele, enquanto função, passou a ser a personificação do mal e se transformou no Demônio, como conhecemos hoje?

Figuras, vozes e representações do mal na Bíblia

Já mencionamos que até o exílio da Babilônia o povo de Israel não tinha uma figura representativa para o mal. Vimos, nesse sentido, algumas passagens bíblicas apontando a fonte, tanto do bem quanto do mal, no próprio Deus.

Ao longo do tempo, da história e do nascimento das narrativas da Bíblia, os escritores sagrados desenvolveram formas metafóricas para falar das experiências com o mal. Às vezes esta arte e força literária nos levam a confundir as

---

[18] O termo *Parákletos*, em grego, designa aquele que é chamado para socorrer. Daí a utilização do mesmo vocábulo para o advogado de defesa no tribunal. Cf. LE GRAND BAILLY: *Dictionnaire Grec Français*. Paris: Hachette, 2000. p. 1.465. Em hebraico, a mesma raiz *Peraklit* é utilizada com o mesmo significado. Cf. MANNS, Frédéric. *L'Évangile de Jean: à la lumière du judaïsme*. Jerusalém: Franciscan Printing Press, 1991. pp. 341-342. No Evangelho de João "Paráclito" não é outro nome para o Espírito Santo, mas a sua função, bem como a do próprio Jesus é de advogar em defesa da comunidade dos discípulos diante de Deus. Por isso, ao se referir ao envio do Espírito Santo, Jesus diz: "Ele vos enviará outro Paráclito" (Jo 14,16).

figuras apresentadas com a realidade representada por elas. A história da "serpente" no jardim pode nos servir como primeiro exemplo. Comumente pensamos nela como um mal ou o mal. Mas, na realidade, a sua função é mostrar aos humanos, que são mutáveis, a sua vulnerabilidade e incapacidade de serem fiéis ao que é fixo. Ela os passa pela prova. Diante da sua proposta, eles não resistem. Assim, se o que Adão e Eva fizeram é realmente mau, a serpente apenas mostra o germe do mal já presente no interno deles.

No jardim, os humanos enfrentam um dilema; eles ouvem duas vozes antagônicas: a de Deus e a da serpente. Fecham os ouvidos à voz de Deus e os abrem à da serpente. A voz sedutora da Serpente os leva a perguntar sobre si mesmos. Até então eles não sabiam realmente quem eram: deuses ou humanos, infinitos ou finitos. Com muita dor, dão-se conta de sua mortalidade e vão nascer para a responsabilidade dessa nova realidade revelada pelo ato de saber. Esta nova realidade é a verdade, quase sempre, doída. Portanto, a serpente não os engana, mas os esclarece, liberta-os do engano. Está no jardim porque Deus a colocou lá e quer que ela esteja em seu posto e função. Essa primeira prova do jardim prepara os humanos para todas as outras provas vindouras, ao longo de sua existência.

A figura da serpente vai adquirir cada vez mais a conotação de adversário do homem justo e, consequentemente, de Israel. Vai se espalhar pela Bíblia, em textos de todos os tempos, do Primeiro e do Segundo Testamento, numa complexidade muito grande de ações e de formas representativas.

O meu adversário não é simplesmente aquele que se opõe a mim, mas aquele que me define, meu espelho. Na narrativa bíblica, isto se torna claro quando as figuras e realidades em questão são sempre mostradas uma diante da outra: O Divino e o Humano, a Serpente e os outros seres, Abel e Caim, Jacó e Esaú, Eleitos e Não Eleitos, Justos e Ímpios, Israel e Nações. Esta realidade se estende para Deus e Ídolos, Terra de Israel e Terras Estrangeiras, Libertação e Escravidão, Reino do Céu e Reino deste mundo etc.

Quando elencamos dessa maneira, evidenciando o antagonismo das partes distintas, fica quase impossível não percebermos as forças da morte e da vida em constante combate. Por isso, essas figuras se transformam em arquétipos, protótipos orientadores de toda e qualquer pessoa, em qualquer tempo ou lugar. Assim, no meu tempo e lugar, se me torno ciumento, sou Caim, se experimento situações de escravidão, estou no Egito. Quanto a este perene combate, é bom lembrar as palavras de Deus à serpente no livro do Gênesis: "Porei hostilidade entre ti e a mulher, entre tua linhagem e a linhagem dela. Ela te esmagará a cabeça e tu lhe ferirás o calcanhar" (Gn 3,15).

No livro do Êxodo, o enfoque é sobre Amalec, protótipo dos inimigos de Israel neste mundo, combatido perenemente pelo próprio Deus: "O Senhor está em guerra contra Amalec de geração em geração" (Ex 17,16b).

Nos textos pós-exílicos estas figuras ampliam-se cada vez mais. Monstros de força e poder extraordinários vão surgindo para representar os impérios escravizadores e opressores de Israel. Os profetas e escritores apocalípticos são responsáveis por retomar fatos e figuras já existentes no interno do povo, relendo-os e atualizando-os.

Assim, o autor do Apocalipse de João, para designar a força opressora do Império Romano contra a comunidade cristã primitiva, fala, no capítulo doze, de um terrível dragão. Este dragão ataca ferozmente a mulher grávida no deserto porque quer devorar o seu filho tão logo venha a nascer. O autor do Apocalipse retoma aqui o livro do Gênesis com a imagem da mulher e da serpente do jardim. É claro que, nas Escrituras e na Tradição, tal dragão representa o inimigo de todos os tempos. Mas o autor, em sua maestria, diz que o dragão[19] é a antiga serpente que cresceu e agora é chamada de Diabo[20] ou Satanás (Ap 12,9).

O autor do Apocalipse utiliza termos diversos (Serpente, Diabo e Satanás), porém de similar significado. Com isso, ele parece querer chegar a essa grande evolução, por assim dizer, da figura da serpente e da sua apresentação como personificação do mal: o dragão. A força dos impérios opressores contra judeus e cristãos foi sempre uma constante, pulsando a todo tempo em cadência evolutiva. Portanto, é normal também que suas figuras representativas sejam marcadas por essa evolução, sem, contudo, perder os liames com o passado. Por isso, o autor pode reconhecer no dragão a serpente do Gênesis, em termos simbólicos. Em termos reais, ele está reconhecendo nas ações nefastas do Império Romano uma manifestação mais intensificada do mesmo mal. Mais uma vez, quem está padecendo nesse mar de sofrimentos é o justo: indivíduo ou grupo. Essa força maléfica do império opressor acaba sendo compreendida como uma prova. Por ela o justo passa e somente sairá ileso se for fiel: "Ao vencedor darei do maná escondido [...] e uma pedrinha na qual está escrito um nome novo" (Ap 2,17).

---

[19] Ora, todos sabem que dragão não existe, enquanto espécie, na fauna da terra. É um animal imaginário, mas somente ele é capaz de exprimir a fúria dos homens em guerra e os seus desejos de conquista e poder. A linguagem varia: em lugar de dragão fala-se em animais, monstros ou bestas. É assim que Daniel vê quatro monstros subindo do mar (Dn 7,3). Também João no seu Apocalipse, para mostrar o exército do Império Romano chegando pelo mar, fala da Besta que surge do mar e recebe todo o poder das mãos do Dragão (Ap 13,1-2).

[20] Do grego *Diábolos*, que corresponde ao mesmo que "Satan" = acusador, caluniador. Cf. VAN DEN BORN, A. cit., p. 393.

Podemos, assim, reconhecer os mesmos motivos que marcam o ambiente sapiencial, sobretudo as diferenças e os conflitos perenes entre justos e ímpios. Os justos devem sempre pagar o preço de suas escolhas num mundo de ímpios. Porém, um dado pode nos causar estranheza: Deus prova o justo.

Por incrível que pareça, os escritores bíblicos sempre apontam os adversários de Israel como queridos e até encomendados pelo próprio Deus para que o povo encontre a medida justa do seu andar. Assim, ele endurece o coração do Faraó, quando da saída de Israel do Egito (Ex 7,3), e irá entregar Israel nas mãos de seus inimigos sempre que este lhe for infiel (Is 6,10ss). A partir dessa maneira de contar se firmou e afirmou o ensinamento sobre a retribuição divina.

Os atos humanos e suas retribuições

Notamos comumente nos comentários sobre o livro de Jó o toque contínuo na tecla da doutrina da retribuição. Podemos também encontrar referências a esta doutrina como uma teologia: teologia da retribuição. Alguns comentadores apontam o livro de Jó como um golpe mortífero para essa doutrina. Segundo esta maneira de pensar, o autor de Jó teria provocado uma reviravolta na reflexão dos sábios de Israel do seu tempo. Pois estes estariam prisioneiros de uma compreensão quase que mercantilista da relação com Deus. Muitos autores cristãos pensam que Jesus combateu esta compreensão de retribuição divina e, definitivamente, a destruiu. Mas, para início de conversa, o que vem a ser mesmo "doutrina" ou "teologia da retribuição"?

Define-se como "doutrina da retribuição" o ensinamento segundo o qual os indivíduos recebem de Deus a justa recompensa por suas boas ações. O contrário é, na mesma proporção, também válido: os indivíduos cultivadores do mal são punidos por suas más ações. Este princípio está na base da compreensão de justiça, tanto humana quanto divina. Portanto, ele é central na Bíblia inteira, Primeiro e Segundo Testamentos, nos comentários dos sábios de Israel[21] e das comunidades cristãs.[22] Ele rege desde os tempos mais remotos a existência de judeus e cristãos.

Revendo conceitos

Geralmente, quando falamos de retribuição divina no âmbito sapiencial, enfrentamos algumas dificuldades. Por um lado, a questão da retribuição é apresentada de maneira pejorativa, como se levasse a um certo arrivismo e espírito de barganha. Vista por este prisma, ela se torna algo pertencente à mentalidade estreita de um tempo e deve ser superada. Por outro lado, é muito difícil conceber uma relação circunscrita pelo fator tempo-espaço que não seja orientada num intercâmbio que beneficie ambos os lados nela envolvidos. Diante disso, a questão é saber se, na realidade, podemos viver, nos organizar e estabelecer qualquer vínculo relacional, por mínimo que seja, sem a dimensão de retribuição?

A partir das Escrituras, podemos perguntar por quais razões Deus cria o mundo, escolhe um povo, faz aliança com ele e o redime. De onde vem a compreensão de fidelidade, de mérito e de salvação? Olhando mais de perto, veremos que a questão não é tão simples assim. Sua complexidade nos interpela e obriga a imaginar-nos cultivando relações sem nenhum resquício de retribuição. Talvez a melhor proposta nesse sentido, enquanto exercício, seja repensar a nossa maneira de lidar com ela. Devemos abordá-la, não como algo mágico ou mesmo mecânico;

---

[21] Cf. GOLDEBERG, Sylvie Anne et. al. *Dictionnaire encyclopédique du judaïsme*. Paris: Robert Laffont, 1996. p. 872.

[22] Cf. Lc 6,38b; 18,28-30; 22,28-30; Mt 25,31-46.

isto nos ajudará a compreender que a libertação completa do fator "interesse", "intencionalidade" e "retribuição" em nossas relações humanas e divinas parece ser tarefa nada fácil, para não dizer impossível.

Ademais, o princípio orientador da relação humano-divina na Escritura reza que, quando o humano busca conhecer e seguir (praticar) a vontade e o ensinamento de Deus, ele é abençoado e favorecido com a vida. Se ocorrer o contrário, vem a perdição, em suma, a morte. Essa realidade, da qual dificilmente escapamos, tornou-se conhecida como "os dois caminhos".[23] A orientação divina alicerçada sobre estes dois polos, vida e morte, é encontrada no coração do ensinamento do livro do Deuteronômio: "Eis que hoje estou colocando diante de ti a vida e a felicidade, a morte e a infelicidade".

"Se ouves os mandamentos do Senhor teu Deus que hoje te ordeno – amando o Senhor teu Deus, andando em seus caminhos e observando os seus mandamentos, seus estatutos e suas normas – viverás e te multiplicarás. O Senhor teu Deus te abençoará na terra em que estás entrando a fim de tomares posse dela. Contudo, se o teu coração se desviar e não ouvires, e te deixares seduzir e te prostrares diante de outros deuses, e os servires, eu hoje vos declaro: é certo que perecereis! Não prolongareis vossos dias sobre o solo em que, ao atravessar o Jordão, estás entrando para dele tomar posse. Hoje tomo o céu e a terra como testemunhas contra vós: eu te propus a vida ou a morte, a bênção ou a maldição. Escolhe, pois, a vida, para que vivas tu e a tua descendência, amando o Senhor teu Deus, obedecendo à

---

[23] No Evangelho, as metáforas e motivos para designar este tema variam. Às vezes são "dois caminhos" e em outras "duas portas", sempre uma larga e a outra estreita. A última é sempre a aconselhável. A Didaqué (Didaché), antigo documento catequético da comunidade cristã primitiva, é iniciada com a citação dos "dois caminhos" do Deuteronômio (Dt 30). Cf. Didaqué. Apud FANGIOTTTI, Roque. *Padres apostólicos*. São Paulo: Paulus, 1995. p. 343.

sua voz e apegando-te a ele. Porque disto depende a tua vida e o prolongamento dos teus dias. E assim poderás habitar sobre este solo que o Senhor jurara dar a teus pais, Abraão, Isaac e Jacó" (Dt 30,15-20).

Esta perícope sintetiza toda a Escritura a respeito do ensinamento da retribuição divina enquanto premiação e punição, bênção e maldição, morte e vida etc. Com efeito, como já foi mencionado, o humano é expulso do jardim porque desobedeceu a um mandamento de Deus, que se desagradou do seu comportamento (Gn 3). O homem do jardim encontra sua contraposição em Noé que, numa sociedade corrupta, não se corrompeu. Noé, ao contrário do primeiro homem, agradou a Deus e andou em seus caminhos; por isso viveu e transmitiu vida (Gn 6,8-9; 7,1), bem como Abraão (Gn 18,17-19), Isaac, Jacó e todos os escolhidos de Deus. Assim também é dado a Israel, enquanto povo escolhido por excelência, optar pela vida ou pela morte.

Nas Escrituras é bem claro: quem não ouve a voz de Deus e não a obedece, morre. Isto acontece com o humano do jardim, com a geração do dilúvio, com o faraó e sua gente no Egito, com todos os reis arrogantes e opressores. Esta verdade perpassa toda a Bíblia.

Nos Evangelhos esta maneira sábia de ensinar continua mais viva do que nunca. Para os evangelistas, quem não adere aos ensinamentos de Jesus e não os segue é cego, surdo, mudo, paralítico, endemoniado, leproso, faminto, está perdido e, consequentemente, morto. O evangelista Mateus, para ameaçar a geração do seu tempo que não ouve a voz de Jesus nem a obedece, compara-a com aquela dos dias de Noé (Mt 24,37-41). Isto significa que quem agora não ouve a voz de Jesus terá o mesmo fim daqueles que outrora, no tempo de Noé, não ouviram a voz de Deus. O mesmo fim é a morte e a voz de Jesus é a mesma voz de Deus. E no final do Evangelho de Marcos lemos: "E disse-lhes (Jesus): Ide por todo o mundo, proclamai o Evangelho a toda criatura. Aquele que crer e for batizado será salvo; o que não crer será condenado" (Mc 16,15-16).[24]

Estes versículos de Marcos nos lembram perfeitamente de Gn 17,13-24, em que a circuncisão é apresentada como o sinal de pertença em duas dimensões: a) à casa de Abraão; b) a Deus. Esse será o sinal da aliança com Deus. Quem não for marcado com ele será cortado da parentela de Abraão e, consequentemente, da aliança com Deus (Gn 17,13-14).

Nestas passagens do Primeiro e do Segundo Testamentos, não nos devemos fixar somente no sinal visível de pertença: circuncisão ou batismo. Mas precisamos estar atentos para a direção apontada tanto pela circuncisão quanto pelo batismo: ouvir e praticar os ensinamentos oriundos da pertença.

Depois deste percurso devemos convir que a retribuição divina enquanto didática de ensinamento permanece. Ela consiste na justiça de Deus para com o justo; pode até tardar, como no caso de Jó, mas jamais faltará. Nos textos pós-exílicos, bem mais tardios, esta recompensa vai sempre adquirindo a dimensão de uma realidade futura. Ela acontecerá no mundo a vir. Assim, podemos entender o bem-estar dos ímpios neste mundo diante do sofrimento dos justos, mas, como bem exprime o salmista, "Os ímpios não ficarão de pé no julgamento" (Sl 1,1). Jesus, dentro dessa mesma perspectiva, ensina que bem-aventurados são os pobres, os humildes e os perseguidos (Mt 5,1-13).

Assim, chegamos à compreensão de que nem o autor de Jó nem os autores dos Evangelhos destroem a doutrina da retribuição divina, mas, ao contrário, reforçam-na e reorientam-na. Penso eu que a nossa dificuldade talvez não seja bem com a

---

[24] Ver também Mt 7,24-27; 25,31-46; Lc 19,27.

questão da retribuição em si, mas com a coloração mecanicista e mágica com a qual a revestimos. A proposta é olhá-la como inerente à relação.

O livro de Jó levanta questões sobre o mistério da justiça e da vontade divina. A grande preocupação do autor parece ser para com a posição do humano diante de si mesmo e de Deus. Pode-se perguntar: quem é o humano e quais são as razões de suas alegrias e tristezas, bem-estar e infortúnios? As suas aflições têm origem em seus comportamentos ou não? Há um Deus prestes a premiar ou castigar? O autor deixa transparecer que não é Deus quem castiga ou premia os humanos. O que aparenta ser prêmio ou castigo passa a ser a consequência de suas próprias escolhas e caminhos trilhados. Este último ressoou em Guimarães Rosa: "Quem castiga nem é Deus, é os avessos".[25] Contudo, a questão não foi fechada com uma resposta definitiva.

O corriqueiro e o extraordinário

"As palavras de tua boca são um vento impetuoso" (Jó 8,2).

Esta frase no livro de Jó é posta nos lábios do seu amigo, o sábio Baldad, um daqueles que vieram de longe para consolá-lo em seus sofrimentos. Certamente, essa fala não está aí por acaso. Ela deve nos levar à pergunta: quando a fala de alguém pode ser definida como "um vento impetuoso"?

Deixemos um pouco esta questão de molho e consideremos a narrativa de Jó como uma história de relacionamentos, no sentido mais completo possível da expressão. Relacionamento:

---

[25] ROSA, Guimarães. Manuelzão e Miguilim. In: *Uma história de amor; festa de Manuelzão*. 30. ed. Rio de Janeiro: Nova Fronteira, 1984. p. 200.

- Humano-humano;
- Humano-divino;
- Humano-mundo, universo (Criação de Deus).

Ora, relacionar-se implica uma série de fatores: identidade, confiança, consciência de alteridade, barganha, sentimento de culpa ou de bem-estar, remorso ou paz de espírito. Tudo isto está presente e fermenta em Jó porque é a realidade de toda e qualquer pessoa envolvida em relacionamentos. O autor sagrado nos mostra que, quando Jó se dá conta disto, tudo se transforma para ele, tanto em seu interior quanto em seu exterior.

"Conhecia-te só de ouvido" (Jó 42,5a). Esta afirmação de Jó corresponde a todas as informações até então recebidas sobre Deus e, por que não dizer, sobre tudo. Todos nós recebemos, em primeiro lugar, informações. Elas provêm de nossos pais, professores, amigos, escolas, igrejas, sociedade em geral e tradição. Este é o caminho normal, corriqueiro, e isto é mostrado na primeira parte do versículo: "Conhecia-te só de ouvido" (42,5a). Isto indica que até então tudo está aparentemente normal em sua vida.

A segunda parte do versículo "mas, agora, viram-te meus olhos" (Jó 42,5b) indica um salto dado: a passagem do estágio de informações recebidas para o de significado profundo das experiências vividas, das realidades existenciais que são pesadas uma a uma por Jó. Nesse sentido o termo "agora" marca o contraste entre o "hoje" e o "ontem" de Jó, constituindo uma ponte que o leva do corriqueiro ao extraordinário.

A partir de então, em lugar do homem comum, insosso, surge o Jó que atrai os olhares e a atenção de todos, de perto e de longe. O que lhe acontece não se pode ver de uma olhada só; diante do seu quadro, as notícias transmitidas por terceiros não são satisfatórias. Por isso, amigos sábios de terras distantes tomam o caminho de Uz, rumo a Jó. A questão do infortúnio do homem reto e justo deve interessar, em primeiro lugar, aos sábios que vêm dos quatro cantos da terra.[26] Eles não têm que somente ver de perto o infortúnio do justo, mas precisam também de sete dias de contemplação do sofrimento do amigo, em silêncio. Esse tempo, sete dias, foi o mesmo necessário para que Deus tirasse o mundo do caos (Gn 2,2). Aqui, portanto, está um homem enfrentando o seu caos para dele sair e assim orientar outros à sua volta, na mesma saída.

Para o autor de Jó, Deus é aquele que caminha sobre o mar (Jó 9,8b) e, consequentemente, nos ensina a fazer o mesmo.[27] Tomemos o vocábulo "mar" como símbolo do caos, neste caso representando o sofrimento de Jó.

Deus é também aquele que se revela. A expressão "viram-te meus olhos" (Jó 42,5b) indica, então, revelação. Ver Deus corresponde a receber, por excelência, revelações suas.[28] Portanto, a expressão mencionada não deve ser compreendida na dimensão sensorial, não significa propriamente uma visão, mas uma profunda experiência, no mais íntimo do ser, trazendo

---

[26] Os "quatro cantos da terra" ou "quatro ventos" designam a terra inteira. Com esta expressão, o autor aponta Jó como aquele que deve ser visto por todos os habitantes do mundo.

[27] Na Bíblia, o vocábulo "mar" representa constantemente as águas do caos, da morte, que devem ser vencidas pelo justo. O próprio Deus as separa e controla (Gn 1,9-10); Noé, sua família e os outros seres da criação não morrem nelas graças à arca e à aliança (Gn 6,5–8,22); a mãe de Moisés o faz flutuar sobre as águas do Nilo (Ex 2,3), e o próprio Moisés, mais tarde, fará todo o povo de Israel não temer as águas do mar, transpondo-as a "pé enxuto" (Ex 14,21-22). Nos Evangelhos Jesus anda sobre as águas do mar em meio à escuridão da noite e tempestades e pede aos seus discípulos fé e confiança (cf. Mt 14,22-33; Mc 6,45-52; Jo 6,16-21).

[28] Moisés via Deus face a face (Ex 34,11); nos Evangelhos Jesus é a revelação de Deus (cf. Jo 14,8-9) e se mostra (é visto = se revela) a seus discípulos depois da ressurreição (Mc 16,9ss; Jo 20,25).

clareza. Esta experiência, como toda experiência profunda, só pode ser transmitida por metáforas.

Várias metáforas são utilizadas para representar o caos de Jó: as perdas, a doença e a tempestade. No seio desta última é que Deus lhe fala (40,6). Assim, compreendemos "no meio da tempestade" como "no meio de seu sofrimento".[29] Jó, o servidor fiel, atravessa a dor e adquire conhecimento de si mesmo, de Deus e de sua criação. A sua existência, o seu modo de se pôr de pé perante a vida causa em todos inquietação. Suas palavras tornam-se pungentes e certeiras, ameaçadoras para quem ainda não passou por duras provas e se agarra às informações recebidas. Por estas razões, nos lábios do amigo Baldad encontramos uma espécie de radiografia de Jó, em seu novo estado. Ele se refere às suas palavras como um "vento impetuoso" (Jó 8,2).[30] Algo extraordinário se deu; para expressar tamanha mudança que ocorreu em Jó, o autor mostra que seus velhos e íntimos amigos não mais o reconhecem (Jó 2,12).

Este vento impetuoso das palavras de Jó continuará ainda mais intenso naquelas de Qohelet.

---

[29] Algo semelhante acontece no livro de Jonas, em que a tempestade representa os conflitos que levarão o profeta à consciência (Jn 1,4.12b); cf. também Mt 8,24-27.

[30] Este vento só pode ser o mesmo que nas Escrituras Sagradas é metáfora para a ordem, para a clareza, que levam à liberdade e, consequentemente, ao Espírito de Deus. Cf. Gn 1,2; 8,2; Ex 14,21; At 2,2.

3º Tema
O livro de Qohelet (Eclesiastes)

"Vaidade das vaidades, tudo é vaidade" (Qo 1,2).

Com esta fala assaz estranha o autor abre o seu texto e o seu ensinamento. Essa frase perpassa todo o livro, ocupa o lugar central, de forma tal que todos os pensamentos e argumentações sobre qualquer tema desembocarão nela. Não quero, por enquanto, tecer comentários sobre a sua formulação e conteúdo, deixando que o próprio andar da leitura, paulatinamente, os favoreça.

Autoria, título e contexto

O nome do autor apresentado no início é Qohelet: "Palavras de Qohelet, filho de Davi, rei em Jerusalém" (Ecl 1,1). Ora, o filho de Davi, que foi rei em Jerusalém, é sem dúvida Salomão; por esta razão, a tradição sempre lhe atribuiu este livro. Porém, segundo os estudiosos, esta atribuição não procede, porque o livro é situado após o exílio da Babilônia (fim do século III a.e.C.), tempo muito posterior àquele de Salomão.

Os sábios da tradição de Israel fundamentam esta atribuição ao rei Salomão a partir de outros textos bíblicos. Eles se apoiam, por exemplo, em 1Rs 8,1 "Então congregou (*qahal*) Salomão os anciãos de Israel...".[1] O verbo "congregar" em hebraico é *qahal* e, no versículo, precede o nome de Salomão. Ora, o nome "Qohelet" é proveniente da mesma raiz que *qahal*.[2] Por isso, os sábios do Talmud da Babilônia dizem que "Qohelet" é outro nome para o rei Salomão, que foi assim chamado por ter congregado a assembleia de Israel e proclamado as palavras do seu livro assim que foram escritas.[3]

Na tradição de Israel, existem outras possibilidades de autoria. O mesmo tratado do Talmud da Babilônia atribui Qohelet ao rei Ezequias com sua corte.[4]

---

[1] Tradução segundo o texto massorético.
[2] Cf. verbete *Q.H.L.* In: JASTROW, Marcus. *A Dictionary of the Targumim, the Talmud Babli and Yerushalmi, and the Midrashic Literature*. Jerusalem: Horev, [s.d.]. pp. 1.322-1.323.
[3] Cf. Talmud da Babilônia, Baba Bathra, 14b.
[4] Ibid., 15a.

O autor desse livro foi sempre considerado pessimista devido ao caráter realista de suas posições diante da vida. Ora, ver a vida sem mesclas de ilusões é próprio de quem já viu de tudo e vive seus últimos dias. Talvez, por esta razão, alguns sábios de Israel opuseram o livro de Qohelet ao Cântico dos Cânticos, que é também atribuído a Salomão.[5] Segundo um antigo comentário, o rei Salomão escreveu o Cântico dos Cânticos em sua juventude e Qohelet em sua velhice. Daí o caráter otimista do primeiro e pessimista do segundo.[6]

Qual o significado do vocábulo "Qohelet"? Vimos que é oriundo da raiz hebraica *Q.H.L.* que, enquanto forma verbal, significa "reunir", "ajuntar", "convocar". Enquanto substantivo, *qahal* designa a assembleia, a reunião, o público. Com o acréscimo de um sufixo *áh* forma-se a palavra *qehiláh*, que passa a exprimir o sentido de comunidade: aqueles que se reúnem por um objetivo comum, principalmente religioso. O nome "Qohelet" apresenta algumas variações de sentidos. Pode ser compreendido como aquele que convoca os membros da comunidade para reuniões, que dirige a assembleia, que fala em público, designando assim o orador ou pregador. Designa ainda o membro de uma comunidade, um grande coletor de sentenças ou o investigador de coisas profundas.[7] Esta complexidade de significados desse nome leva os estudiosos a considerá-lo como indicador de uma função: a de ensinar ou pregar, e não como um nome próprio.

---

[5] Segundo a tradição, Salomão escreveu três livros: Provérbios, Cântico dos Cânticos e Eclesiastes. Cf. Talmud da Babilônia, Shabat, 30b.

[6] Cf. Shir ha-Shirim Rabba (Midrash sobre o Cântico dos Cânticos). Jerusalém: Makhon ha-Midrash há-Mevoar, 1994. Parashá 1, Piská 1,10, p. 38.

[7] Cf. BROWN, Francis. *The new Brown – Driver – Briggs – Gesenius. Hebrew and English Lexicon*. Peabody: Hendrickson Publishers, 1979. pp. 874-875.

O livro de Qohelet é considerado por alguns estudiosos como uma coletânea de máximas de sabedoria sem estrutura e ordem, como se cada tema nele tratado fosse independente. Essa aparente desordem levou muitos a pensar em vários autores em vez de um só. Pode-se, porém, notar que todos os temas desembocam numa constatação irreversível: "Tudo é vaidade". A única e incontestável certeza é que a morte tudo iguala.

Quanto ao contexto histórico os estudiosos o situam no período pós-exílico, embora enfrentem a dificuldade de estabelecer uma datação mais precisa. Alguns pontos podem orientar, como, por exemplo, o fato de encontrarmos no texto um termo persa (*pardés* = jardim) e vocabulários do período da Mixná (*pitgám* = mensagem).

Qohelet informa sobre uma organização política central fora, com extensões na Palestina, sistema este que possibilita grandes lucros e, ao mesmo tempo, grandes perdas. Parece também polemizar contra emergentes tendências apocalípticas e sofre influências do helenismo. Estas são as principais razões pelas quais o livro de Qohelet seja comumente situado entre 250 e 190 a.E.C.

O autor de Qohelet, como todo sábio, se ocupa e se preocupa de todos os temas referentes à existência: tempo e espaço, diferenças entre o criador e suas criaturas, diferenças entre os seres da criação, justiça divina e justiça humana, felicidade e infortúnio, conhecimento divino e humano, sofrimento e suas causas, mistério e temor de Deus, limitação e natureza do universo criado, vida e morte, bem e mal na vida dos humanos e outros. Desta vasta e variada gama de assuntos encontrada nestas páginas, iremos nos deter apenas na questão do tempo, da limitação, do conhecimento e da justiça. Comecemos por este último.

Qohelet e a justiça

Se o restante dos humanos chegasse a compreender o que Qohelet compreendeu da vida e da natureza do mundo e pudesse viver sua proposta brotada de profundas reflexões fundadas na experiência, certamente a injustiça, a opressão e toda sorte de escravidão seriam definitivamente banidas da face da terra. Com isso, podemos perguntar, a partir de suas ideias escritas, sobre o seu conceito de justiça. Ele não aborda o tema de forma direta e clara. Mas pede que o leitor olhe ao seu redor e ouça a voz de tudo o que existe. Tudo o que existe fala do seu início e do seu fim.

Em outras palavras, ele nos ensina que o nascer e o morrer nos igualam, não somente enquanto seres humanos, mas enquanto seres vivos. Tudo o que vive nasceu um dia e, por isso, inevitavelmente, um dia morrerá. Qohelet, para nosso susto, não privilegia o sábio diante do ignorante ou insensato, nem o humano diante dos outros seres da criação de Deus: "Compreendi que ambos terão a mesma sorte. Por isso disse a mim mesmo: ... isso também é vaidade ... o sábio morre com o insensato" (Qo 2,14.16).

A comparação dos humanos com os animais soa mais estranha ainda: "Quanto aos homens penso assim: Deus os põe à prova para lhes mostrar que são animais. Pois a sorte do homem e a do animal é idêntica: como morre um, assim morre outro, e ambos têm o mesmo alento; o homem não leva vantagem sobre o animal, porque tudo é vaidade. Tudo caminha para o mesmo lugar: tudo vem do pó e tudo volta ao pó" (Qo 3,18-20).

Observemos nestes versículos a similitude entre "morte" e "pó". Vamos acolher estes dois vocábulos como indicadores da limitação que marca a duração da existência de qualquer ser vivo. Sua origem é o pó: nascimento; seu fim é o mesmo pó: morte.

Observemos também o quanto a fala de Qohelet está próxima daquela de Jó. O autor de Jó nos ensina que não pode existir perdas, sem antes ter havido aquisições, e que a dor na hora da perda será na proporção do apego ao objeto adquirido. Assim, a dor da perda está intimamente ligada ao esquecimento da natureza finita dos seres criados. Nesse ponto reside a razão desta pungente declaração em Jó: "Nu saí do ventre de minha mãe e nu voltarei para lá. O Senhor deu, o Senhor tirou, bendito seja o nome do Senhor" (Jó 1,21).

Voltemos a Qohelet. Se esses dois polos: nascer e morrer, nos igualam, o que, então, nos diferencia? O autor nos conduz pela mão, abre nossos olhos para a verdade primordial: do ponto de vista do pensamento humano, havemos de convir que o tempo de existência estabelecido, limitado pelo nascer e morrer, é o pivô gerador de toda e qualquer diferença. Nesse tempo e espaço, também dom de Deus segundo Qohelet, afirmam-se a individualidade e a identidade de cada ser. Mas somente os humanos, graças ao pensamento e, consequentemente, à consciência podem se ocupar das diferenças. Estas mencionadas diferenças não são somente de ordem fisiológica, mas, principalmente, de ordem psicológica e social. Percebê-las traz, ao mesmo tempo, alegria e dor. Que todos são igualados pelo nascer e pelo morrer, é uma verdade; no entanto, é durante o período da existência que um homem é rei e outro mendigo; um é rico e outro pobre; um é letrado, outro analfabeto; um não trabalha e vive muito bem usufruindo do trabalho do outro que vive mal; um planta a vinha, outro toma o vinho.

Tudo parece indicar que para Qohelet a diferença gritante entre rei e mendigo emerge da ignorância de que o nascer e o morrer nos nivelam; e pela mesma ignorância é nutrida. Entre os filhos dos homens ninguém nasce rei ou mendigo. Por traz de todo rei ou de todo mendigo está o humano marcado pelo nascer e pelo morrer, em suma, pelo pó. Esta ignorância nos leva a cobrir um homem de glórias por ter sido feito rei e a ultrajar outro por ter sido feito mendigo. A sociedade dos humanos, por ignorar esta verdade, produz os dois extremos: o rei e o mendigo.

Assim, este autor de extraordinária grandeza, sem declaradamente falar de justiça, nos ensina sobre justiça, divina e humana. Justiça divina: Deus nos criou do mesmo pó e do mesmo sopro. Justiça humana: reconhecer esta verdade e se orientar por ela. A partir destas reflexões, torna-se assaz difícil pensar em justiça sem voltar a esta fonte. O aproximar-se dela revela a igualdade dos seres e, consequentemente, produz justiça. Ao contrário, o afastar-se dela estampa as diferenças e, por isso, faz pulular injustiças. Portanto, tomando este caminho de pensamento, inevitavelmente se chega a esta compreensão: a justiça é um princípio divino, inerente à criação de Deus; a injustiça é um descuido dos humanos, fruto de sua ignorância e de seus desejos mais imediatos e mesquinhos. Talvez, por esta razão, Qohelet se debruça sobre a condição do humano como ser pensante, capaz de escolher e reorientar seu destino. Ele coloca o pensamento humano como plataforma tanto da felicidade quanto do sofrimento.

O conhecimento

Em Qohelet aclara-se sempre mais este paradoxo: o mesmo pensar que nos dignifica e dá prazer nos faz, em igual instância, sofrer: "Muita sabedoria, muito desgosto. Quanto mais conhecimento, mais sofrimento" (Ecl 1,18). Com efeito, quem de nós se alegraria e faria uma festa ou, ao contrário, derramaria lágrimas de sofrimento sem ser informado da existência de algo muito bom, merecedor de uma festa, ou muito ruim, nos ferindo com a dor?[8] Outras questões a serem levantadas são as seguintes: pode haver alguma diferença entre sofrimento e dor? E se há esta diferença, o que a provoca?

Ao ler Qohelet, devemos fazer certamente esta distinção: dor não é sofrimento, embora possam ambos andar de mãos dadas. Dor, todo ser vivo deve sentir quando agredido fisicamente; isto, mesmo quando escapa à sensibilidade dos humanos. Portanto, o fator "dor" pertence ao âmbito da matéria viva, do biológico, ao passo que "sofrimento" está ligado à dimensão do pensamento, do psicológico. Podemos até dizer que os animais, as árvores, a natureza como um todo sofrem, mas neste momento estamos atribuindo a eles o que é peculiar do ser humano.

Andando por essas trilhas devemos reconhecer que "dor" pertence à natureza do mundo criado, ao passo que "sofrimento" deve ser entendido como fruto do pensamento humano. Creio encontrar, neste modo de compreender, a chave para entender a fala: "Quanto mais conhecimento, mais sofrimento" (Qo

---

[8] Exemplo: a mulher do Evangelho de Lucas sofre por saber da falta de uma moeda e se alegra e faz festa por sabê-la encontrada (Lc 15,8-10).

1,18). É verdade que Qohelet nada diz sobre o contrário de sua afirmação: "Quanto mais conhecimento, mais alegria". Assim, o sofrimento e a alegria não dependem simplesmente do ato de conhecer, mas também da realidade conhecida. Por isso, saber da justiça e da paz tanto nos alegra e, saber do contrário, nos entristece.

Por estas e tantas outras reflexões, esse autor foi e ainda é sempre visto como pessimista. Aparentemente, e só aparentemente, Qohelet é mórbido, nefasto e está imerso em pessimismos. Mas, olhando-o de perto, mergulhando nas águas benfazejas do seu texto, podemos descobri-lo por outro ângulo e lê-lo por outro prisma: o da verdade, da justiça. Para isso, é necessário nos desarmarmos de nossos conceitos herdados sobre Deus, gente, mundo, doutrinas religiosas e sociais etc. Só assim nos podemos deparar com um sábio que se libertou de ilusões e, por esta razão, tem a força de fazer o mesmo com seus discípulos ou leitores.

Morte e vida

Além das falas causadoras de estranhezas já mencionadas, deparamo-nos com outras, neste livro, que muito nos incomodam. Por exemplo: "Então eu felicito os mortos [...] mais que os vivos [...] e mais feliz que ambos é aquele que ainda não nasceu..." (4,2-3); mas o autor se apressa em dizer na sequência do v. 3 "que não vê a maldade que se comete debaixo do sol". Qohelet provavelmente não quer dizer com isso que é melhor morrer do que viver, nem mesmo afirma que melhor seria nem nascer. Mas nos aponta, em sua fineza, a verdadeira razão da existência humana: usufruir da bondade de Deus e de sua criação. Deus não criou o humano para a infelicidade, fruto da "maldade que se comete debaixo do sol". Essa nasce dos comportamentos distorcidos. Dessa maneira, adulterando a ordem da própria natureza e, por isso, gerando sofrimentos, é que não vale a pena viver nem nascer. Nessa mesma direção compreendamos as seguintes palavras: "Mais [...] vale o dia da morte do que o dia do nascimento. Mais vale ir a uma casa em luto do que ir a uma casa em festa [...] O coração do sábio está na casa em luto, o coração do insensato está na casa em festa" (7,1-4).

Ora, quem vai a uma casa enlutada é impelido a pensar na realidade e na verdade da morte. Nessa casa há acentuadas lacunas. A perda do ente querido nos devolve a nós mesmos como seres finitos. Ao contrário, quem vai a uma casa em festa corre o risco de ser arrogante, de se esquecer da verdade da morte. Na casa em festa, na casa onde alguém nasceu ou casou-se, nada ou quase nada falta. Os momentos lá vividos podem nos ilusionar.

Com isso, creio que Qohelet não esteja desejando nefastamente o luto em lugar da festa e muito menos nos dizendo que não devemos fazer festas; porém, entre as duas casas ele prioriza aquela em luto. Dizer que "o coração do sábio está na casa em luto" corresponde a compreender que esta casa o prepara para estar em verdade, também na casa em festa. Em momento algum o sábio deixa-se ilusionar, esquecendo-se da verdadeira natureza das coisas. Pode-se entender, com isso, que não se trata de duas casas, mas de dois momentos de uma única casa. À alegria do nascimento pertence também a dor do luto. À alegria da hora do casamento pertence também a hora da separação.

O nosso povo, talvez sem ter lido Qohelet, sabe disso. Ouvi este ensinamento pela primeira vez dos lábios de minha mãe que, quando via alguém muito afoito, frequentemente dizia: "a alegria nunca vem sozinha".

Outra grande dificuldade a ser enfrentada neste texto é a igualdade entre sábio e insensato. Nem sempre é fácil ouvir que o justo, o sábio, o ímpio e o estúpido têm o mesmo fim. Que ensinamento pode estar por detrás destas ideias? O "mesmo fim" é a morte: "O sábio morre com o insensato" (2,16b). Diante da certeza da morte, Qohelet estaria nos ensinando que não vale a pena buscar a sabedoria? Certamente, não! Quem sabe realmente da morte preocupa-se com ela, e quem mais busca o saber é o sábio; o insensato a ignora. A sabedoria vale para o período da vida e não para depois da morte. Portanto, deve ser este o problema: por desconsiderar a morte como fator de igualdade, o insensato parte atrás de bens e conquistas, sofrendo e fazendo sofrer a outros. Assim se comportam os ímpios malvados. Estes, por ignorância, tornam-se escravizadores, ladrões e corruptos, pois querem ser diferentes nas posses e no poder e anseiam por glórias conferidas por outros humanos também limitados. Glórias estas que só continuarão enquanto alguém viver e lembrar-se delas. Somente assim, encontraremos a força da verdade destas palavras: "Vaidade das vaidades tudo é vaidade" (1,2).

Qohelet e o tempo

Para Qohelet existem realidades que estão fora do controle dos humanos, tais como o tempo e tudo o que nele está imerso e nele se move (1,3-8). O autor parece compreender que a consequência do movimento ou a sua marca é realmente o nascer e o morrer. O sofrimento, intimamente ligado ao pensamento humano, emerge da inaceitação da natureza do mundo, a finitude. O humano, sabendo-se finito, tem dificuldades com essa condição; o passageiro, o efêmero deseja abraçar o eterno e ser como ele, mas, por não poder, frustra-se. Mais uma vez Guilhermina (Gui), minha mãe, "querer e não poder só serve de aborrecimentos".

Perante estas circunstâncias, Qohelet nos dá um conselho precioso: desfrutar do dom de Deus "hoje", do trabalho e de seus frutos (2,10.24; 3,12; 5,17-19; 8,15), da vida e das relações afetivas e solidárias (4,7-12), do convívio com a pessoa amada (9,7-9), da contemplação das coisas simples que a natureza gratuitamente nos oferece (11,7-9).

Para viver assim precisa ser integrado consigo mesmo, com os outros, com o mundo e com Deus. Atingir esta meta, de forma plena, talvez seja impossível devido ao limite que caracteriza a criação de Deus. Mas, à sua medida, o humano deve fazer todo o possível.

Essa questão da medida é muito frequente no mundo dos sábios de Israel. Nessa mesma perspectiva Jesus ensina: "se perdoardes aos homens seus delitos, também o vosso Pai celeste vos perdoará" (Mt 6,14) e, ainda, "com a medida com que medis sereis medidos" (Mt 7,2). No livro do Gênesis tal medida marca a criação do ser humano: Deus o modela do pó da terra e sopra em suas narinas o hálito da vida (Gn 2,7). A sua medida é pó e hálito de vida.

Qohelet retoma este princípio e acrescenta o fator tempo. Em sua obra ele considera o humano, bem como tudo o que existe, limitado pelo pó e pelo tempo. Este limite é indicado em seu livro ora pela expressão "debaixo do sol" (2,11), ora por "debaixo do céu" (3,1). Nesse sentido, o poema do capítulo 3 figura como uma das páginas mais sublimes, não somente do seu livro, mas de toda a Bíblia:

> Há um momento para tudo e um tempo para cada coisa debaixo do céu.
> Tempo de nascer[9] e tempo de morrer
> Tempo de plantar e tempo de arrancar a planta
> Tempo de matar e tempo de curar
> Tempo de destruir e tempo de construir
> Tempo de chorar e tempo de rir
> Tempo de gemer e tempo de bailar
> Tempo de atirar pedras e tempo de recolher pedras
> Tempo de abraçar e tempo de se separar
> Tempo de buscar e tempo de perder
> Tempo de guardar e tempo de jogar fora
> Tempo de rasgar e tempo de costurar
> Tempo de calar e tempo de falar
> Tempo de amar e tempo de odiar
> Tempo de guerra e tempo de paz. (Qo 3,1-8)

Proponho para a leitura deste poema um olhar sobre as palavras do seu início e as do seu fim. Creio assim encontrar a

---

[9] Literalmente "dar à luz".

chave para o entendimento do livro em seu todo, considerando o ponto forte de Qohelet: o nascer e o morrer tudo iguala. Para isso, coloquemos frente a frente os versículos 2 e 8:

v. 2	v. 8
Tempo de nascer	Tempo de guerra
Tempo de morrer	Tempo de paz

Por esse prisma, o poema reza a verdade fundamental: quem nasce, nasce para o movimento, para o conflito, entra na guerra; quem morre, sai dessa dimensão e entra na paz. O fator tempo marca, em Qohelet, esta entrada e esta saída e nada acontece fora do seu domínio. Tomar consciência dessa realidade, isto é, vir do pó e voltar ao mesmo pó, é não viver na ilusão. Quem assim faz, abraça o dom de Deus e não confunde o absoluto com o relativo. As injustiças e as atrocidades praticadas e vistas embaixo do céu são oriundas dessa confusão. E para quem corre o risco de se esquecer da natureza cambiante de tudo neste mundo e do fato de que dele nada se leva, pois para ele nada se traz, Qohelet pergunta: "Que proveito tira o homem de todo trabalho com que se afadiga debaixo do sol? [...] O olho não se sacia de ver, nem o ouvido de ouvir" (1,3.8); e ainda constata e decreta: "Há quem trabalhe com sabedoria, conhecimento e sucesso, e deixe sua porção a outro que não trabalhou. Isto também é vaidade [...] sim, seus dias são dolorosos e sua tarefa é penosa e mesmo de noite ele não pode repousar" (Qo 2,21-23).

Com isso, Qohelet nos aponta a razão do sofrimento humano: o desejo de tudo açambarcar sem levar em consideração o que o limite permite. Sua sabedoria é fina e pungente: ela responsabiliza o humano em suas escolhas e não busca em Deus as razões do seu infortúnio. Tudo o que Deus quer e faz é bom, mas nem sempre os desejos e os feitos dos humanos vêm de encontro a esse mesmo bem. Diante de situações desastrosas o autor propõe uma volta ao primordial: "Eis que a felicidade do homem é comer e beber, desfrutando do produto do seu trabalho; e vejo que também isso vem da mão de Deus, pois quem pode comer e beber sem que isso venha de Deus?" (2,24-25). E mais adiante: "E compreendi que não há felicidade para o homem a não ser a de alegrar-se e fazer o bem durante sua vida. E, que o homem coma e beba, desfrutando do produto de todo o seu trabalho é dom de Deus" (3,12-13).

Se nos detêssemos somente na primeira frase e resumíssemos a felicidade humana apenas em comer e beber, soaria no mínimo muito estranho. Mas, quando vinculamos o ato de comer e beber com o desfrute do próprio trabalho, com a alegria, com o fazer o bem durante a vida e com o reconhecimento de que tudo isso é dom de Deus, uma grande luz se acende e aclara as razões do existir humano: existimos para sermos felizes e Deus assim o quer. Isto é também justiça.

Nas Escrituras, desfrutar o fruto do próprio trabalho é sinal de maturidade e de justiça. Aliás, maturidade e justiça vão de mãos dadas. É muito difícil para o humano ser justo sem passar por um processo de amadurecimento. Se cada um usufruir do seu próprio trabalho, não haverá ninguém acumulando ou sofrendo privações.

No livro do Gênesis está escrito "Com o suor do teu rosto comerás o teu pão até que retornes ao solo, pois dele foste tirado. Pois tu és pó e ao pó tornarás" (Gn 3,19). Este versículo é comumente lido dentro das "punições" de Deus ao homem por sua desobediência. Mas podemos lê-lo de forma diferente. Em vez de encontrarmos aí punições, temos a apresentação de um homem maduro, capaz de trabalhar e se sustentar com o seu próprio trabalho, capaz de praticar a justiça. Aquele que come o pão com o suor do próprio rosto e não com o suor do rosto do outro, é justo.

Qohelet, em consonância com as Escrituras, aponta como "mal" e "vaidade" o fato de um homem trabalhar e outro que não trabalhou usufruir dos frutos (6,1-2). Estes versículos podem ser uma alusão ao exílio. O opressor nos escraviza e nos tira de nossa terra e usufrui de nossas plantações e moradas.

O caminho é a integração do humano com a sua condição de limite, de criatura, com o seu meio e com o seu tempo. Esta integração é muito exigente, nunca está pronta e se dá, de acordo com o cultivo de cada um, dentro do espaço e do tempo. É fruto de investigações e buscas constantes, um cuidado diário. O sábio tem olhos abertos, diz Qohelet (2,14). Portanto é sua tarefa observar, catalogar experiências e elaborar, a partir delas, seus ensinamentos; os frutos colhidos são efeito da sabedoria naquele que a ama e a busca.

4º Tema
Cântico dos cânticos

"O mundo inteiro não é tão precioso quanto o dia em que o Cântico dos Cânticos foi dado a Israel porque toda a Escritura é santa, mas o Cântico dos Cânticos é o santo dos santos" (Mixná, Tratado Yadayim, 3,5).

Com estas palavras da Mixná atribuídas a Rabi Aqiva,[1] iniciamos a leitura de alguns trechos dessas sublimes páginas. Aqiva, que morreu mártir do Império Romano, as considerou como a história de amor entre Israel e seu Deus e decidiu com esta declaração a entrada definitiva delas no cânon das Escrituras. Esta decisão acolhida beneficiou abundantemente, no campo da mística, judeus e cristãos ao longo dos séculos. Com efeito, nenhum grande místico de nossas tradições ignorou esses poemas. Se citamos Rabi Aqiva no mundo da tradição judaica, podemos citar também São João da Cruz no mundo da tradição cristã, cuja obra está fundamentalmente edificada sobre o Cântico dos Cânticos.

A respeito de João da Cruz conta-se que, na hora de sua morte, o superior do seu mosteiro começou a rezar a encomendação da alma, mas João inquietando-se o interrompeu pedindo o Cântico dos Cânticos. Quando as primeiras palavras do poema lhe soaram aos ouvidos, exclamou "oh que preciosas margaridas".[2] Estava chamando as palavras do poema de

---

[1] Grande sábio da época da Mixná, martirizado pelos romanos no ano 135 de nossa era.
[2] Cf. SAN JUAN DE LA CRUZ. *Cántico espiritual*. 3. ed. Madrid: Editorial de Espiritualidad, 1989. p. 21.

"preciosas margaridas", porque considerou todo o fruto de sua relação com Cristo, o amado, como flores colhidas e oferecidas a ele. Viveu da beleza e da força misteriosas e ocultas destas palavras e, nesse momento, recebe, do mesmo amado, as mesmas palavras, mesmas flores, mesmas margaridas. Ele marcou cada dia de sua existência com os poemas do Cântico e dorme agora envolto neles.

Título

O título do livro Cântico dos Cânticos, *Shir ha-shirim* em hebraico, é uma fórmula superlativa como "Senhor dos senhores" ou "Santo dos santos". A expressão "Cântico dos Cânticos" corresponde "ao mais belo cântico" ou "ao cântico por excelência". O livro todo é estruturado em poemas nos quais o diálogo do amado com a sua amada constitui a via principal. Estes poemas durante muito tempo foram utilizados nas cerimônias de casamento, e somente mais tarde passaram a ser lidos nas sinagogas. A presença do Cântico no cânone bíblico e sua leitura nas sinagogas se dão graças à interpretação alegórica: o amado representa Deus, a amada, Israel, e a relação de amor entre os amantes, a aliança.

Autoria

O Cântico dos Cânticos oferece aos pesquisadores algumas dificuldades quanto à autoria, ao tempo de composição, ao conteúdo de sua mensagem e à canonização. Alguns estudiosos consideram-no como livro sapiencial, outros não. Comecemos pela autoria levando em consideração três pontos mais significativos. A sua autoria é atribuída a Salomão: "O mais belo dos cânticos do rei Salomão" (Ct 1,1).

a) esta atribuição está provavelmente relacionada com o primeiro livro dos Reis, em que o autor menciona o rei Salomão como famoso entre as nações pela sua sabedoria e aquele que "pronunciou três mil provérbios e seus cânticos foram em número de mil e cinco" (1Rs 5,12). O próprio livro do Cântico dos Cânticos faz algumas menções, ora de forma clara, ora de forma insinuada do rei Salomão. O versículo 4 do capítulo 1, por exemplo, fala do rei sem dizer o seu nome: "Leva-me, ó rei, aos teus aposentos".

b) na sequência, capítulo 1, final do v. 5, o autor fala das tendas de Cedar e dos pavilhões de Salomão (*Shlomôh* em hebraico).

Os massoretas[3] vocalizaram, neste versículo, o vocábulo *SHLMH* como *SHLoMôH*, Salomão. Mas há diferenças de

---

[3] O vocábulo "massoreta" vem da raiz *M.S.R*, que significa "transmitir". São chamados de massoretas um grupo de sábios judeus que atuaram entre os séculos VII e X de nossa era. Eles tiveram grande importância vocalizando o texto bíblico, isto é, acrescentando-lhe os sinais correspondentes às vogais. Até então, o texto da Bíblia era escrito somente com as consoantes. Isto permitia uma variedade de leitura e compreensão. Com o longo trabalho de vocalização, os massoretas não somente

compreensão deste termo entre os tradutores de nossas Bíblias em língua portuguesa.

A Bíblia do Peregrino, por exemplo, conservou a vocalização dos massoretas. A TEB traduziu por "suntuosos" e a Bíblia de Jerusalém por "Salma", justificando em nota explicativa que "Cedar" e "Salma" são duas tribos árabes nômades. A tradução da Bíblia de Jerusalém segue a Stuttgartensia que, para o vocábulo *SHLMH* vocalizado pelos massoretas como *SHLoMôH*, propõe também como leitura alternativa *SaLMaH*.

Esta possibilidade de vocalização parece estar em maior consonância com a poesia do texto original. Escutemo-no do ponto de vista de sua sonoridade e rima:

Shehorá 'ani venavá = sou de tez escura e de bela aparência

Benôt Yerushalaim = filhas de Jerusalém

Ke'oholei Qedar = como as tendas de Qedar

Kiriôt Shalmá = como os pavilhões de Shalmá

c) lendo o versículo desta maneira, notamos que o poeta coloca *Shalmá* em consonância com *Shehorá* (escura) e com *venavá* (e de bela aparência). Parece ser a leitura apropriada, que mais reflete o texto em sua originalidade. Porém, a leitura *Shlomôh*, da vocalização dos massoretas, quase de cunho midráshico, não pode ser descartada.

d) as outras passagens nas quais o nome de Salomão é citado são mais claras:

---

nos legaram um texto unificado, mas também nos orientaram em sua interpretação. Cf. GOLDBERG, Sylvie Anne. *Dictionnaire encyclopédique du judaïsme*. Paris: Robert Laffont, 1996. p. 644.

Que é aquilo que sobe do deserto
Como colunas de fumaça?...
... é a liteira de Salomão!...
... O rei Salomão fez para si uma liteira! (3,6-9.11)
E em 8,11-12 podemos ler:
Salomão tinha uma vinha em Ba'al Hamon
Deu a vinha a meeiros
E cada um lhe traz de seu fruto
Mil siclos de prata
Minha vinha é só minha
Para ti Salomão os mil siclos
E duzentos aos que guardam seus frutos.

Estas são as razões pelas quais o livro do Cântico dos Cânticos é atribuído a Salomão. Mas, na realidade, o problema da sua autoria permanece.

Composição

Quanto ao tempo de composição, a maioria dos estudiosos aponta para um tempo oscilante entre os séculos X e III antes de nossa era. Três épocas são mais prováveis, conforme a sequência abaixo:[4]

a) Este texto pode ter nascido no início do reinado em Israel, principalmente na época salomônica. Neste tempo, as relações com o Egito – país onde a poesia amorosa era bastante desenvolvida – eram intensificadas.

---

[4] Cf. SCHWIENHORST-SCHÖNBERGER, Ludger. *O Cântico dos Cânticos*. In: ZENGER, Erich. *Introdução ao Antigo Testamento*. São Paulo: Loyola, 2003. p. 345.

b) A segunda proposta de datação aponta para os séculos VIII a VI. Este período, marcado pelo reinado do rei Ezequias[5] (por volta de 700 a.C.), foi de grande produção literária, como é mencionado em Pr 25,1: "Também estes são provérbios de Salomão, transcritos pelos homens de Ezequias, rei de Judá". O aramaico se expande neste período. A quantidade de aramaísmos presente no texto hebraico favoreceria esta datação.

c) A terceira possibilidade aponta para o período helenístico (séc. II a.C.). Além dos aramaísmos mencionados, encontra-se no texto um termo grego (Ct 3,9). O vocábulo "liteira" (em hebraico *'apirion*) é proveniente do termo grego *foreion*. Encontra-se também em Ct um termo persa *pardes* para designar jardim (4,13) e alguns costumes, como, por exemplo, a coroação do noivo, que não figura na cultura de Israel antes do período helenístico.

Canonização

Surgiram também algumas dificuldades quanto a este ponto. Em primeiro lugar, o livro figura como uma mera coletânea de poemas de amor no plano humano: não traz o nome nem de Deus nem de Israel.

Além disso, o autor não faz referências claras a fatos históricos ou pessoas (com exceção de Salomão, como já foi visto), nem elabora reflexões de cunho religioso ou teológico-moral.

O livro entrou para o cânon das Escrituras sagradas graças provavelmente à leitura alegórica feita pelos sábios de Israel, como veremos a seguir.

---

[5] Encontramos esta mesma opinião no Talmud da Babilônia, Tratado Baba Bathra 15a.

A interpretação alegórica do Cântico

Em primeiro lugar, faz-se mister certo esclarecimento sobre o sentido de "alegoria" e de "interpretação alegórica" no mundo das Escrituras e dos sábios de Israel. Alegoria, em geral, é considerada uma figura de estilo, enriquecida de metáforas e discursos figurativos. Reconhecemos uma alegoria quando aquele que fala ou escreve apresenta uma determinada realidade, mas visa a outra. Os profetas da Bíblia utilizam-na frequentemente. Por exemplo, para falar dos erros de Jerusalém e da Samaria, Ezequiel fala de mãe e filha (Ez 16) e de duas irmãs, filhas de uma mesma mãe (Ez 23). Para falar de Israel que volta do exílio sem forças, como um povo semimorto, retrata a história dos ossos ressequidos (Ez 37). Esta maneira de transmitir uma mensagem é assaz frequente também nos escritos do Segundo Testamento. Lucas, por exemplo, ao tratar do pecador que se converte e volta aos caminhos de Deus, fala da ovelha, da moeda e do filho perdidos e achados (Lc 15).

Estes exemplos são de textos elaborados por seus autores como "alegoria" e devem ser lidos como tais. Porém, uma leitura alegórica pode ser aplicada também a textos de outros gêneros literários. É o caso do Cântico dos Cânticos. Este livro é composto de poemas que cantam a relação de amor entre dois jovens, o amado e a amada. Tudo nele transcorre dentro de um quadro normal, se lido apenas como uma história de amor. Mas o extraordinário surge quando se vai além das palavras e imagens corriqueiras a respeito de dois nubentes e sua relação amorosa para se chegar à relação de aliança entre Israel e o seu Deus, como vimos na declaração de Rabi Aqiva.

Os sábios de Israel deram início e continuidade à leitura alegórica do Cântico dos Cânticos. Esta leitura influenciou os padres dos primórdios da Igreja. Nessa forma de ler e interpretar, como já foi mencionado, o amado é visto como o próprio Deus, a amada como a comunidade dos filhos de Israel e a relação de profunda atração e contínua busca entre eles, como a eleição e a aliança. Assim, esses textos que eram antes apenas poemas eróticos cantados nas ocasiões das festas de bodas, passam a ser proclamados nos ambientes de culto como o símbolo da aliança de Deus com seu povo.

O Cântico assume posição central na liturgia sinagogal. É recitado por todas as comunidades judaicas no sábado da semana da Páscoa. Nas comunidades de rito sefardita,[6] ele é recitado também em todas as noites de sexta-feira para acolher o sábado. Ora, a Páscoa é a festa por excelência da memória da aliança de Deus com Israel, e a linguagem alegórica para aliança nas Escrituras e Tradição é o casamento. Isto justifica a leitura dos poemas do Cântico na liturgia da Páscoa. Os sábios de Israel, em todas as interpretações posteriores, apontam-no como o livro bíblico que proclama, por excelência, as núpcias de Deus com a comunidade de Israel.

Esta maneira de ler e interpretar o Cântico passa para a Tradição cristã, sobretudo por meio de Orígenes que, comentando estes poemas, transfere as núpcias de Deus com Israel para Cristo e sua Igreja (comunidade dos discípulos). Orígenes diz em seu comentário: "Este livro é um epitalâmico, isto é, um cântico de núpcias escrito por Salomão sob a forma de um drama, parece-me. Ele o cantou no papel da esposa quando ela se casa e se abrasa de um amor celestial por seu esposo, o Verbo de Deus. Dele, com efeito, se enamoraram, seja a alma que foi feita à sua imagem, seja a Igreja. Ademais, que palavras este

---

[6] A partir do fim do século VIII, o termo *sefarad* passa a designar na língua hebraica a Península Ibérica e, consequentemente, *sefaradim* é o vocábulo para definir os descendentes de judeus que habitam na Espanha. Cf. GOLDBERG, Sylvie Anne. *Dictionnaire encyclopédique du judaïsme*, cit., p. 935.

magnífico e perfeito esposo dirigiu à alma unida a si ou à Igreja, este mesmo livro das Escrituras no-las ensina".[7]

Em seu "Cântico espiritual", São João da Cruz retoma a alegoria do Cântico, de forma mais individualizada, como sendo o amor e a relação que se estabelecem entre Cristo e a alma do cristão. Outras tradições cristãs veem na amada do Cântico Maria, mãe de Jesus, em lugar de comunidade ou alma.

Creio encontrar no Ofício de Nossa Senhora, bastante conhecido nos meios populares de tradição católica, o melhor exemplo para este último procedimento. O Ofício de Nossa Senhora é uma coletânea de poemas de rara beleza que a todos encanta, desde o mais simples ao mais douto; estes poemas são atribuídos ao franciscano Frei Bernardino de Bustis (Itália, séc. XV). Eles constituem uma sublime interpretação das Escrituras inteiras, mas, sobretudo, do Cântico.

Comparando a interpretação do Cântico, feita pelos sábios judeus e pelos primeiros cristãos com os versos de Frei Bernardino, podemos facilmente encontrar a trilha comum que os norteia na leitura alegórica e atualizadora.

Por exemplo, o versículo "Como açucena entre espinhos é minha amada entre as donzelas" (Ct 2,2) é lido pelos sábios judeus como sendo Israel entre as nações que o oprimem. Frei Bernardino reconhece, nesse mesmo versículo, Nossa Senhora entre as criaturas. Com efeito, ele assim o parafraseia: "Qual lírio cheiroso entre espinhas duras, tal sois vós, Senhora, entre as criaturas"; "Sois lírio formoso que cheiro respira entre os espinhos da serpente a ira". E lá, onde o Cântico reza: "És toda bela, minha amada, e não tens um só defeito" (Ct 4,1), o Ofício

---

[7] Cf. ORIGÈNE. *Commentaire sur le Cantique des Cantiques I*. Paris: Cerf, 1991. p. 82.

de Nossa Senhora diz: "Toda é formosa minha companheira, nela não há mácula da culpa primeira".

Dentre as leituras alegóricas do Cântico dos Cânticos no mundo dos sábios judeus, duas das mais conhecidas serão abordadas aqui: aquela do Targum e aquela do comentário de Rashi.

Targum do Cântico dos Cânticos e os comentários de Rashi

O vocábulo *Targum* em aramaico corresponde a "tradução". No campo da Bíblia, *Targum* passou a designar antigas traduções do hebraico para o aramaico. Estas traduções começaram a ser compiladas e veiculadas numa época em que o aramaico havia se tornado língua dominante no Oriente próximo. O Targum do Cântico, à diferença daqueles do Pentateuco, por exemplo, não é uma simples tradução do texto bíblico porque oferece, em linguagem vernacular, uma interpretação ampliada e atualizada do texto, enraizando-o na vida do povo. A bem dizer, este Targum assemelha-se mais a uma coletânea de midrashim do que a uma tradução.

Assim, o Targum-midrash do Cântico se encarrega de apresentar uma leitura de cunho alegórico, inserindo-o numa trajetória histórica que vai desde o Êxodo do Egito até a redenção messiânica. A força desta leitura marcada pela busca de um sentido profundo está, como já foi mencionado, na apresentação do Cântico como uma história de amor entre Deus e o seu povo.

Rashi,[8] num período mais tardio, dentro dessa mesma tradição de interpretação alegórica, desenvolve em seu comentário um esquema histórico-salvífico bastante semelhante àquele do Targum.

Nesse sentido, toda a história de Israel está aqui, tanto no Targum como em Rashi, resumida, rezada, contemplada.

---

[8] Sábio judeu do século XI (Troyes, França). Seu nome (Rashi) é o acrônimo de Rabi Shlomô ben Itshaq (Rabi Salomão filho de Isaac).

Divisão e interpretação do Cântico a partir do Targum e dos comentários de Rashi

A divisão que segue, apresentada em duas colunas, tem o intuito de facilitar a comparação dos textos e a identificação do caminho alegórico trilhado pelos dois. Os temas enunciados nem sempre são facilmente identificados pelo leitor, que tem em mãos o texto em língua portuguesa. Esta identificação requereria de nossa parte maior intimidade com esse procedimento interpretativo da tradição. Mas, ao iniciarmos esta leitura comparativa, alguns pontos tornam-se mais claros.

Aconselho a leitura do quadro que segue tendo em mãos o livro do Cântico e, com um pouco de paciência, capítulo por capítulo, tentaremos identificar os temas enunciados pelo Targum e por Rashi. No quadro, seguiremos de perto o estudo de Alberto Mello, monge da comunidade de Bose.[9]

---

[9] RASHI. *Commento al Cantico dei Cantici*. Introduzione, traduzione e note a cura di Alberto Melo. Magnano: Edizioni Qiqajon, (Bi), 1997. pp. 16-18. Nestas páginas ele adota a apresentação de PIATTELLI, Abramo Alberto. *Targum Shir ha-Shirim*. Roma: Barulli, 1975. pp. 10-11.

Targum	Comentário de Rashi
a) O primeiro capítulo é dedicado à peregrinação do povo no deserto do Sinai, abertura do mar Vermelho, dom da Torah no Sinai, construção do bezerro de ouro e quebra das tábuas da Torah.	a) No primeiro capítulo, tudo começa com a libertação do Egito evocada em Ct 1,9: "Minha amada, eu te comparo à égua atrelada ao carro do Faraó". O pecado do bezerro de ouro é evocado logo em seguida: "Enquanto o rei está no seu divã, meu nardo exala o seu perfume", compreendido aqui como mau odor (1,12). No entanto, Deus repara o pecado de Israel e vem habitar em seu meio: "nosso leito é relva", referência à tenda do encontro. "Leito" aqui deve ser entendido como "leito nupcial" dentro da relação de aliança (matrimônio) entre Deus e Israel. A terra de Israel é vista como esse leito.
b) O segundo capítulo se interessa pela nuvem da glória divina que acompanhou o povo em suas viagens pelo deserto e, de modo particular, pela guerra contra Amaleq.	b) No segundo capítulo, o desejo de se sentar à sombra do amado (2,3) é relacionado com o dom da Torah, com o abraço entre os dois nubentes (2,6) e com o caminho no deserto. Na sequência, o poeta retorna aos acontecimentos iniciais. A voz do amado que salta os montes e colinas (2,8) faz lembrar a visita de Deus a Israel na escravidão do Egito. O observar da janela (2,9) é interpretado como Deus que, olhando do céu, vê o sofrimento de Israel.

c) O terceiro capítulo é dedicado ao tabernáculo levantado no deserto, à chegada à terra prometida e à construção do santuário de Salomão em Jerusalém.	c) O terceiro capítulo trata do ingresso na terra prometida (3,4): "Não o deixarei até que me leve à casa de minha mãe", bem como da habitação da presença (*Shekhinah*) no Santuário de Siloé. É interessante que a liteira de Salomão (3,7) não seja considerada como o seu Templo em Jerusalém, mas como a tenda do encontro, e a arca transferida para Siloé. Em seguida a Arca é transferida para Jerusalém: "Vou ao monte da mirra, à colina do incenso" (4,6), isto é, ao monte Moriá.
d) O quarto capítulo se ocupa da grandeza política do povo durante o reino de Salomão.	d) O quarto capítulo é dominado pela escolha de Jerusalém: a cidadela de Sião – "teu pescoço é a torre de Davi" (4,4) – e a colina do Templo. Jerusalém é eleita sem arrependimento: mesmo que Israel tivesse de ser exilado, Deus o traria de lá – "Vem do Líbano noiva minha... e faz tua entrada comigo" (4,8).
e) O quinto capítulo trata do exílio das tribos do reino de Israel na Síria e daquele do reino de Judá na Babilônia.	e) O quinto capítulo é o mais alegórico de todos, segundo Rashi, tanto a respeito da história de Israel quanto com relação à descrição do amado, isto é, o próprio Deus. No decorrer de alguns versículos (5,4-6) se resume toda a história real pelas figuras emblemáticas de Acaz, Ezequias, Josias e Sedecias. Essa história termina com a destruição do Templo, entendida alegoricamente no v. 7: "os guardas", Nabucodonosor e suas tropas "tomaram-me o manto", o santuário.

f) O sexto capítulo aprofunda questões relativas ao retorno do cativeiro da Babilônia e à reconstrução do Santuário.	f) O sexto capítulo abrange toda a história pós-exílica: da reconstrução do Templo – "o meu amado desceu ao seu jardim" (6,2), ao reino dos asmoneus (6,10) – até a nova perda de independência política e a dispersão. "E, sem que eu saiba como: a minha alma colocou-me [sobre] os carros de um povo nobre" (6,12). Rashi explica: "minha alma me colocou [como] um carro, para que a nobreza de outros povos cavalgasse sobre mim. Israel se encontrou submisso a outros povos, e foi ele mesmo que escolheu, mas não sabe como nem por quê. Esse exílio, que é o exílio presente, tem alguma coisa de misterioso porque não é um castigo divino".
g) O sétimo capítulo enumera os louvores dos mestres judeus pela obra de difusão dos ensinamentos bíblicos. Particularmente ressalta o gesto de Daniel e de seus companheiros.	g) Os capítulos finais, sétimo e oitavo, cantam o louvor da esposa, Israel, pela sua beleza e fidelidade. Comparando com o Targum, percebe-se que Rashi reduz muito a dimensão escatológica. Do tempo escatológico e da vinda do Messias não faz menção. Toda a tensão final se volta para o desejo de que o santuário seja reconstruído logo. Comentando (8,8) "Nossa irmã é pequenina nem seios tem", observa que "o tempo do amor ainda não chegou": a redenção ainda está distante. Paralelamente, Rashi elabora uma visão positiva do exílio de Israel, onde o povo não se viu privado da presença de Deus (*Shekhinah*). Lá existem jardins, compreendidos como casas de estudo da Torah (8,13).
h) O oitavo capítulo trata da redenção messiânica e da reconstrução do Templo de Jerusalém.	

Esta breve apresentação do Targum e do comentário de Rashi mostra que a leitura alegórica do Cântico é profundamente teológica e abrange todas as etapas da relação de Deus com seu mundo e com seus eleitos: Criação – Eleição e Aliança – Redenção. Esta leitura nos revela a dimensão sapiencial desse livro e nos educa no caminho da história e dos feitos de Deus em nosso favor. Por isso é bom cantar esses poemas de extrema beleza e grandeza: CÂNTICO DE AMOR brotado do fundo da alma do eleito, cônscio de que Deus cria, elege, faz aliança e redime por amor.

O amor é divino, o amor humano é sempre divino, e não há quem o experimente sem entrar nos átrios sagrados, sem se dar conta de ter recebido a visita do eterno que nos diviniza sem nos tirar de nossa humanidade. Assim, o encontro do humano com o divino se dá no seio da existência humana na história. Este encontro é real, experimentado por todos aqueles que tomam o caminho das relações, em que a fé numa palavra, ao mesmo tempo, humana e divina, revela o AMOR UM, no qual e pelo qual tudo se dá. O amor que vivemos na terra é o mesmo amor do céu e, quando somos visitados por ele, tornamo-nos o lugar sagrado do encontro da terra com o céu. É nessa perspectiva que lemos esses poemas, considerando-os parte dos livros sapienciais. Estendamos agora este procedimento a alguns Salmos, assim como segue.

5º Tema
Os Salmos

Os Salmos, dentro da tradição judeo-cristã, são poemas compostos para a liturgia, para a oração. Assim sendo, toda comunidade reza com o salmista seu dia a dia, sua história. Com isto a memória coletiva se fortifica e a liturgia torna-se o lugar onde a história é contada, amada, rezada e transmitida; torna-se, ainda, o lugar do aprendizado, da formação da consciência moral e espiritual de judeus e cristãos ao longo dos séculos. Os Salmos transformaram-se na expressão da história do povo porque são também, com forte razão, releitura, interpretação atualizadora da Escritura. Neles e com eles cantamos a criação, louvamos o ato criador de Deus em cada ser criado e, principalmente, no ser humano (Sl 19; 138). Quando recitamos os Salmos, cantamos a eleição e a aliança e, graças a elas, a libertação do Egito e da Babilônia (Sl 18; 136; 137), o dom da Torah (Sl 1; 119) e a redenção (Sl 2; 20; 21). Por essa razão, os Salmos revestem, nutrem e irrigam todos os aspectos de nossa existência em todos os tempos.[1]

Os Salmos são comumente divididos em cinco grupos. Possivelmente essa divisão tem a intenção de apresentá-los como expansão dos cinco livros da Torah (Pentateuco). Se no

---

[1] Jesus de Nazaré cantou Salmos. Na noite da última Páscoa cantou com seus discípulos o grande Hallel (Sl 113–118). Em seguida, já no Jardim das Oliveiras, disse: "Minha alma está triste até a morte", possível referência ao Sl 42,6. Cf. Lc 26,30.38.

Pentateuco a figura libertadora é Moisés, nos Salmos passa a ser o rei Davi, a quem é atribuída a autoria da maioria deles.[2]

O livro dos Salmos, enquanto tal, assim como o Cântico dos Cânticos, não é considerado, por muitos autores, como sapiencial, embora seus escritores tratem de todas as temáticas referentes à existência humana. Eles representam um mundo de expressão da alma humana, da história dos filhos de Israel e de suas relações internas, externas e, principalmente, com Deus.

Porém, a maioria dos autores reconhece em alguns deles a presença do gênero sapiencial. Por isso, ater-nos-emos a indicar somente aqueles reconhecidos e aceitos como sapienciais. Estes se distinguem dos demais pelo caráter reflexivo e didático, bem como por tratarem de temas característicos do mundo dos sábios: dom da Torah; Deus que orienta e educa o seu povo; justo-ímpio; bem-mal; dois caminhos, da morte e da vida; o temor do Senhor etc.

Podemos considerar como "sapienciais" os seguintes Salmos: 1; 19,8-15; 32; 34; 37; 49; 59; 73; 76; 78; 91; 105; 106; 112; 119; 127; 128; 133.[3]

Existem ainda muitos outros nos quais podem ser encontradas as mesmas temáticas, como, por exemplo, o 14 e o 94.

Tomemos como exemplo o Sl 1, pois nele estão contidos os motivos mais relevantes da literatura sapiencial:

---

[2] ALONSO SCHÖKEL, Luis; CARNITI, Cecilia. *Salmos I*. São Paulo: Paulus, 1996. pp. 14-16.

[3] Cf. SELLIN, Ernest; FOHRER, G. *Introdução ao Antigo Testamento*. v. 2. São Paulo: Paulinas, 1978. pp. 380-464.

1. Feliz o homem
Que não vai ao conselho dos ímpios,
Não para no caminho dos pecadores,
Nem se assenta na roda dos zombadores,
2. Pelo contrário:
Seu prazer está na Torah do Senhor
E medita sua Torah dia e noite.
3. Ele é como a árvore
Plantada junto d'água corrente:
Dá fruto no tempo devido
E suas folhas nunca murcham;
Tudo o que ele faz é bem-sucedido.
4. Não são assim os ímpios! Não são assim!
Pelo contrário:
São como a palha que o vento dispersa.
5. Por isso os ímpios não ficarão de pé no julgamento,
Nem os pecadores no conselho dos justos.
6. Sim, o Senhor conhece o caminho dos justos,
Mas o caminho dos ímpios perece.

Este Salmo se divide em três partes distintas. A primeira (vv. 1-3) trata do justo. Os dois primeiros versículos dão o seu perfil e o terceiro aclara este perfil com a metáfora da árvore. O justo firmado nos ensinamentos da Torah é seguro e tranquilo, como árvore plantada e enraizada nas margens de água corrente, que representa, na Tradição, a própria Torah como palavra do Deus vivo.

Os versículos 4 e 5 versam sobre o ímpio. O seu perfil se contrapõe àquele do justo. A metáfora da "palha dispersa ao vento" opõe-se àquela da "árvore à beira d'água" para declarar a insegurança, a perdição e a ruína daquele que não ouve nem pratica os mandamentos da Torah.

A conclusão do v. 6 brota do ensinamento e é válida tanto para o justo quanto para o ímpio: "Sim, o Senhor conhece o caminho dos justos, mas o caminho dos ímpios perece".

Com isso recobramos o ensinamento sobre os dois caminhos, o da vida e o da morte. Aliás, esse Salmo recebe em algumas versões da Bíblia o título de "dois caminhos".

"Feliz o homem"

Esta expressão "feliz" corresponde a "bem-aventurado", "bendito", "ditoso", "honrado" etc. Quando aparece seguida de "o homem", adquire conotação sapiencial: feliz a pessoa que se deixa educar pelo caminho do Senhor. Esta forma é encontrada tanto no Primeiro quanto no Segundo Testamento. Nessa expressão, o termo "homem" não designa a pessoa de sexo masculino, mas o ser humano em sua inteireza. A expressão "feliz o homem" nos liga e nos desliga ao mesmo tempo. Liga-nos à prática da Torah e dos seus mandamentos e, por meio deles, a Deus; desliga-nos de tudo que nos afasta da Torah, dos seus mandamentos e de Deus.

O Sl 1 e o 2 formam uma unidade de conteúdo e de forma. A proposta então é ler estes dois salmos em conjunto, já que ambos falam de justos e ímpios; esta unidade abre-se com "*feliz* o homem" (Sl 1,1) e conclui-se com "*felizes* os que nele se abrigam" (Sl 2,12). Os sábios de Israel nos lembram de que, no saltério, todas as partes prediletas de Davi começam e terminam com a mesma expressão, ou seja: "feliz", "louvor", "aleluia".[4] Ora, Davi na literatura sapiencial é referência. Assim sendo, deve-se entender que a expressão "feliz" é aplicada a toda pessoa que, meditando a Torah, se abriga por meio dela no próprio Deus. Os sábios consideram ainda o Sl 1 e o 2 como um portal que dá acesso não somente ao restante do saltério, mas a toda a Escritura: "feliz o homem" que passa por este portal.

---

[4] Talmud da Babilônia, Tratado Berakhot, 9b-10a.

O Sl 1 e o Shemah Israel[5]
(Dt 6,4-9)

A estrutura do Sl 1, mencionada anteriormente, bem como sua didática e conteúdo nos levam de imediato a pensar numa ponte ligando-o com Dt 6,4-9. O Sl 1 pode ser visto como uma releitura desse trecho de Deuteronômio que, por sua vez, tem suas raízes firmadas no Decálogo (Ex 20). Vejamos Dt 6,4-9 e, em seguida, analisemos os pontos em comum com o salmo.

> 4 Ouve, ó Israel: o Senhor nosso Deus é UM.
> 5 *Amarás* o Senhor teu Deus, com todo o teu coração, com todo o teu ser e com toda a tua força.
> 6 Que estas palavras que hoje te ordeno estejam em teu coração.
> 7 Tu as *ensinarás* aos teus filhos, e delas falarás sentado em tua casa e andando em teu caminho, deitado e de pé.
> 8 Tu as *atarás* também em tua mão como um sinal, e serão como um frontal entre teus olhos;
> 9 tu as escreverás nos umbrais da tua casa, e nas tuas portas (Dt 6,4-9).

Ao olhar este texto de forma atenta, veremos que ele está marcado por uma divisão sempre ternária. Após o convite à audição e à proclamação da unidade de Deus (v. 4), vem o

---

[5] Shemah = verbo "ouvir" no imperativo, em hebraico. A expressão completa (Dt 6,4) é "Shemah Israel", que corresponde a "ouve, ó Israel".

mandamento do amor em três dimensões: *Amarás o Senhor teu Deus*

a) de todo o coração;

b) de todo o teu ser;

c) e de toda a força.

Quanto à obrigação de transmissão destas palavras, é dito: "Tu as ensinarás aos teus filhos e delas falarás". Aqui também temos três dimensões:

a) sentado em tua casa;

b) andando em teu caminho;

c) deitado e de pé (v. 7).

E novamente as três dimensões a respeito de "Tu as atarás":

a) à tua mão como um sinal;

b) como um frontal entre teus olhos;

c) nos umbrais e portas de tua casa.

Os verbos principais também são três: amar, ensinar e atar. Este último encontra sua extensão no verbo "escrever"; atar e escrever correspondem à mesma ação no texto: aquela de gravar ou fixar. A relação de Israel com Deus, gravada no coração, torna-se visível. Estes três verbos pulsam juntos como a cadência de passos rumo à integração de quem medita as palavras da Torah.

Quando o autor de Deuteronômio ensina que o amor a Deus deve ser de todo o coração, de todo o ser e de toda a força, entende-se o amor em todas as suas dimensões, incluindo as luzes e as sombras que habitam o coração humano. Este amor tanto gera um ser humano inteiro quanto é gerado por ele. É o itinerário na busca de Deus que é UM, por meio de sua palavra, a Torah, que deve revestir todos os aspectos da existência humana. É um constante engajamento. Assim, repetir as palavras da Torah sentado, andando, deitado ou de pé (Dt 6,7) corresponde a "meditá-la dia e noite" no Sl 1,2, ou seja, falar dela e meditá-la sempre. Nesse sentido, entramos na dimensão sapiencial dos Salmos.

6º Tema
O livro dos Provérbios

O livro dos Provérbios contém, segundo os estudiosos, a forma de instrução mais característica do movimento sapiencial em Israel: o próprio provérbio ou dito proverbial. Um provérbio atravessa gerações e séculos, e vai recebendo ao longo do caminho contribuições de cada tempo, lugar, contexto e cultura. Assim, deixa-se modificar, lapidar como uma pedra preciosa e ser posta ao alcance de qualquer pessoa, independente do seu nível de instrução; apresenta-se sempre com uma forma simples e precisa, mas capaz de transmitir os ensinamentos mais profundos. Geralmente, um provérbio no seio de um grupo humano não tem um autor identificado, embora a coleção de provérbios bíblicos seja atribuída a Salomão, por ser ele o protótipo do sábio em Israel. Comumente, um dito proverbial emerge, nasce, do mais profundo da alma de um povo e, talvez por isso, torne-se sagrado, passando a habitar no coração e nos lábios de cada filho desse povo que, por força de repetição, o transmite como um abraço divino unificador de passado, presente e futuro.

Data, autoria e contexto de Provérbios

Os estudiosos não chegaram a um consenso quanto a sua data de composição. Esta dificuldade de datação surge do fato de esse livro ser composto de blocos, considerados pelos pesquisadores como provenientes de várias épocas. Contudo, a maioria das opiniões aponta para o final do século VI e início do século V a.E.C.

A sua autoria, como já foi mencionado, é atribuída ao rei Salomão. Porém, sabemos que o costume da pseudonímia[1] nos escritos bíblicos de todos os tempos é assaz frequente. O próprio autor de Provérbios aponta Salomão como o autor dessa coleção de ditos (1,1; 10,1), mas diz também que os homens da corte do rei Ezequias, do reino de Judá, são os responsáveis por sua escrita e organização (25,1).

O contexto, pelo tempo indicado (sécs. VI e V), é de muita desordem no interior do povo. Desordem esta provocada pela desestruturação política, social e também moral e psicológica. Os impérios estrangeiros, sobretudo o babilônico, ameaçam a identidade de Israel e isso preocupa, em primeiro lugar, os sábios. Ninguém escreve apenas por escrever. Se num livro como esse encontramos um sábio alertando seus discípulos acerca de situações de perigo, é porque este perigo existe, é real. Estes perigos são: desonestidade, e o desejo individual que faz desconsiderar as necessidades do coletivo (17,8); o desânimo maior que os

---

[1] Ato de atribuir um escrito a outro autor mais conhecido a fim de alcançar maior aceitação e autoridade.

males físicos (18,14); a riqueza que gera bem-estar e privilégios de uns poucos e o abandono de outros muitos (19,4); a injustiça e o roubo (20,23).

Por estas razões, a preocupação maior é com a vida. E se preocupar com a vida das pessoas é lhes dar mais que condições de sobrevivência. Nas Escrituras "vida" está sempre vinculada à liberdade, à justiça, à soberania de ser imagem e semelhança de Deus. Em 18,14, o autor nos diz que a vida é maior e deve ser valorizada acima de tudo.

Conteúdo do livro

O livro dos Provérbios, como tantos livros da Bíblia, favorece múltiplas possibilidades de divisão do seu conteúdo. Preferimos utilizar a divisão em sete partes proposta por Ludger Schwienhorst-Schönberger.[2] Segundo este autor, a estrutura do livro ficaria como segue:

I	1–9	Provérbios de Salomão, o filho de Davi, o rei de Israel
II	10–22,16	Provérbios de Salomão
III	22,17–24,22	Palavras dos sábios
IV	24,23-34	Também estas são palavras dos sábios
V	25–29	Também estes são provérbios de Salomão que os homens da corte de Ezequias, rei de Judá, colecionaram
VI	30	Palavras de Agur, filho de Iaqué, de Massá
VII	31	Palavras de Lemuel, rei de Massá: instrução de sua mãe

---

[2] SCHWIENHORST-SCHÖNBERGER, Ludger. *O livro dos Provérbios*. In: ZENGER, Erich. *Introdução ao Antigo Testamento*. São Paulo: Loyola, 2003. pp. 324-325.

De acordo com o conteúdo, os temas aparecem divididos em três blocos. Todos eles estão didaticamente enraizados no "temor do Senhor".

I	1,7	*Temor do Senhor*: é o começo do conhecimento 1,20-23: discurso da Sabedoria personificada 2: programa de ensino 3,15: a Sabedoria é mais preciosa do que qualquer outro bem 8,1-36: discurso da Sabedoria personificada 8,11: a Sabedoria não pode ser comparada a nenhuma joia 9,10: o começo da Sabedoria é o *temor do Senhor*
II-VI	10–30	*Temor do Senhor* é disciplina da sabedoria (15,33a) "Adquire sabedoria! Vale mais do que ouro, sim, é melhor adquirir inteligência do que prata!" (16,16)
VII	31,1-9	Discurso de uma mãe de rei a seu filho 31,10-31: louvor da mulher virtuosa (v. 10a), sábia (26) e *temente ao Senhor* (30), que vale muito mais que a pérola (v. 10b; 3,15; 8,11)

O cerne dos ensinamentos de Provérbios e o cerne do Pentateuco (da Torah) são UM: amor e temor a Deus. O que nos leva a afirmar que, nessas páginas, o autor sagrado relê as Escrituras naquilo que constitui, enquanto ensinamento revelado por Deus no Sinai, o seu eixo.

Os Provérbios e a transmissão da Torah

"*Reconhece* no teu coração que o Senhor teu Deus te *educa*, como um *homem educa seu filho*, e observa os *mandamentos* do Senhor teu Deus, para que andes nos seus *caminhos* e o *temas*" (Dt 8,5-6).

Esta didática de apresentar Deus como pai ou como mestre é frequente nas Escrituras[3] e na tradição judeo-cristã.

---

[3] Veja, por exemplo, Is 50,4-5.

Os versículos citados do Deuteronômio se encontram na base de Provérbios, em que os ensinamentos de Deus são reconhecidos naqueles do Pai. No Deuteronômio, o ensinamento é apresentado didaticamente como caminho. Existem dois caminhos: do bem e do mal, da vida e da morte. Por isso foi dito: "Eis que hoje estou colocando diante de ti a vida e a felicidade, a morte e a infelicidade. Se ouves os mandamentos do Senhor teu Deus que hoje te ordeno – amando o Senhor teu Deus, *andando em seus caminhos* e *observando seus mandamentos*, seus estatutos e suas normas – viverás e te multiplicarás [...] Contudo, se o teu coração se desviar e não ouvires, e te deixares seduzir e te prostrares diante de outros deuses, e o servires, eu hoje vos declaro: é certo que perecereis!" (Dt 30,15-18a).

A metáfora do ensinamento de Deus enquanto caminho permite ver que vida está em andar nesse caminho e morte em se desviar dele; em ouvir e praticar os ensinamentos ou em negligenciá-los. Esta forma de ensinar a revelação divina perpassa toda a Bíblia, bem como todos os escritos das tradições posteriores. Temos bom exemplo disso no documento catequético da comunidade cristã primitiva, a Didaqué. O corpo do texto é aberto com estas palavras: "Há dois caminhos: um da vida e outro da morte. A diferença entre ambos é grande. O caminho da vida é, pois, o seguinte: primeiro amarás a Deus que te fez; depois a teu próximo como a ti mesmo..." (Didaqué 1,1-2).[4]

Outro exemplo é a regra de conduta da ordem dos beneditinos, a chamada "Regra de São Bento". Seu prólogo assim se inicia: "Escute, filho, os preceitos do seu mestre e incline os

---

[4] Cf. Didaqué. Apud FRANGIOTTI, Roque. *Padres apostólicos*. São Paulo: Paulus, 1995. p. 343.

ouvidos do seu coração. Receba de boa vontade os conselhos de um pai carinhoso e escute-os com fidelidade".[5]

As palavras de São Bento estão em consonância com Provérbios.

Na Regra de São Bento, e também em Provérbios, as figuras do mestre e do pai se confundem, bem como as do discípulo e do filho. Quem ouve o pai ou o mestre, ouve o próprio Deus. Esta compreensão e prática devem estar alicerçadas na honra a Deus e aos pais (Ex 20), como veremos mais adiante.

O conteúdo do livro dos Provérbios é bastante semelhante àquele dos outros livros reconhecidos como sapienciais. Nele, o autor nos mostra que ninguém nasce sábio. O conhecimento é uma aquisição a longo prazo, é cultivo milenar transmitido de pai para filho, de mestre para discípulo, de coração para coração. É o itinerário de um povo que deve ser abraçado por cada filho seu, em seu tempo e lugar. Fica claro, já nos primeiros versículos (Pr 1–7), que os seus ensinamentos transformam os ouvintes. Estes, pelo itinerário no discipulado, passam de desorganizados a disciplinados, de ignorantes a conhecedores, de despercebidos a espertos e assim por diante. Cabe ao pai, à mãe ou ao mestre transmitir ao filho-discípulo as regras de boa conduta: "Escuta, meu filho...".[6]

Ampliando a visão

A sabedoria é dada ou se dá a quem se dispõe a buscá-la. Ela é revelação de Deus aos diligentes e está ao alcance de qualquer pessoa aberta a seu amor e cultivo. Na mesma proporção ela

---

[5] Cf. SÃO BENTO. *Regra de São Bento*. Tradução de D. Basílio Penido, osb. Petrópolis: Vozes, 1993. p. 11.

[6] Esta forma de iniciar um ensinamento é a mais frequente. Cf. Pr 1,8.10.15; 2,1; 3,1; 4,1; 5,1; 6,1.20; 7,1; 8,32; 13,1; 22,17.

se afasta ou não habita o coração do preguiçoso, do zombador, do ímpio. Estamos de novo diante desta verdade: a sabedoria é dom de Deus e cultivo humano. Nesse sentido, a forma proverbial é apenas um forte e eficaz veículo em sua transmissão.

O autor de Provérbios constrói a estrutura de sua mensagem por meio de metáforas. As mais comuns são aquelas das mulheres. Existem no texto duas mulheres: uma virtuosa, que é irmã e esposa (7,4; 31,10ss), e a outra que é estrangeira (Pr 2,16a; 5,3a.10.17; 7,5a), prostituta (Pr 6,26a; 7,10b), do próximo (Pr 6,26b; 6,29a), adúltera e do próximo (Pr 7,14-20). A mulher virtuosa e fiel representa a vida, a sensatez; ela liga o céu com a terra, é integrada e por isso pode integrar. A outra, a enganosa, é infiel e representa a morte; desvincula o céu da terra, é avulsa, desintegrada e desintegra. Esta última é imagem de tudo que possa desviar o jovem do bom caminho: aquele da virtude, da verdade e da justiça.

Por esta razão, não nos devemos prender a estas figuras, mas buscar o seu significado mais profundo. Consideremos que tais imagens cumprem uma função didática. Não nos fixemos no perfil da mulher infiel como uma pejoração do ser feminino pelo autor bíblico. Observemos que o mais importante para o discípulo ou filho é o livramento de influências negativas, e estas podem vir tanto de mulheres quanto de homens. Talvez, por esta razão, ao lado da mulher perigosa encontramos, por exemplo, os pecadores e os companheiros mal-intencionados: "Meu filho, se pecadores quiserem te seduzir, não consintas..." (Pr 1,10-19).

A questão de fundo neste ensinamento parece ser a identificação da armadilha sutil do mal que pode, muito frequentemente, apresentar-se com a aparência de um bem. Nesse sentido, a fala sobre a rede torna-se relevante: "É em vão, porém, que se estende a rede, sob os olhos do que tem asas" (Pr 1,17). O que pode significar que, com os esclarecimentos do pai-mestre, o filho-discípulo reconhecerá as tramas do mal (daquele que arma redes). Pode significar também que os ensinamentos do pai abrem a consciência do filho, considerada aqui como "asas". As armadilhas só prendem quem anda no nível inferior, isto é, na ignorância, no entorpecimento que impede de vê-las. Elas jamais prendem quem voa acima delas. Este não somente as vê, como também quem as arma e quando. Estas armadilhas só preocupam os que caminham no chão das coisas corriqueiras (os negligentes), mas não têm nenhum poder sobre os que voam no sublime das coisas altas (os discípulos dos sábios). Os verbos "ver" e "voar" nas Escrituras designam sempre conhecimento e liberdade.

Quem é esse filho que não tem nome? Deve ser aquele ou aquela que ouve os ensinamentos e os pratica. Este "ouvir" e "praticar" constituem a filiação, não pelo vínculo biológico, mas da consciência, fruto do discipulado.

Nos ensinamentos de Jesus, este vínculo de consciência torna-se mais forte do que o biológico ou étnico. No Evangelho de Mateus, quando alguém vem anunciar a Jesus que sua mãe e seus irmãos o esperam do lado de fora, ele pergunta: "quem é minha mãe e quem são meus irmãos?". E, apontando para os seus discípulos, disse: "aqui estão minha mãe e meus irmãos porque quem fizer a vontade do meu pai que está no céu esse é meu irmão, irmã e mãe" (Mt 12,46-50). Podemos ouvir a fala de Jesus em consonância com aquela do autor de Provérbios, ao constatar: "existem amigos que são mais queridos do que um irmão" (Pr 18,24b).

Construindo relações

O autor de Provérbios orienta seus discípulos e leitores com máximas que superam conceitos e comportamentos padronizados. Ele está sempre indo além, levando-nos a fazer o mesmo. Para ele a sabedoria é como uma pessoa que tem voz: "A sabedoria apregoa pelas ruas, nas praças levanta a voz" (Pr 1,20-33). Esta é a voz de Deus que fala nas Escrituras como está escrito no livro do Deuteronômio: "Seguireis ao Senhor vosso Deus e a ele temereis, observareis seus mandamentos e obedecereis à sua voz" (Dt 13,5). No livro do Levítico esta mesma voz em harmonia com Pr 18,24b e Mt 12,46-50 ordena: "não terás ódio pelo irmão... Amarás o teu próximo como a ti mesmo... O estrangeiro que habita contigo em tua terra será para ti como um compatriota e tu o amarás como a ti mesmo" (Lv 19,17a.18a.34a). Nessa mesma perspectiva lemos em Provérbios: "Se o teu inimigo cai, não te alegres, e o teu coração não se exulte se ele tropeça [...] Não digas 'segundo ele me fez, assim farei! Devolverei a cada um segundo a sua obra!' [...] Se o teu inimigo tem fome dá-lhe de comer; se tem sede, dá-lhe de beber" (Pr 24,17.29; 25,21).

Pouco a pouco, o autor constrói um verdadeiro tratado de relacionamento humano-divino e humano-humano. Seus ensinamentos podem nos auxiliar – e muito – em nossos dias, sobretudo, em nossas relações ecumênicas. Sua experiência e compreensão no campo das relações humanas atingem fineza e profundidade incomensuráveis. Para ele, as pessoas existem umas em função das outras. Juntas, na convivência, elas amadurecem e se realizam. Assim, esse sábio nos ensina com toda a sua maestria: "O ferro se aguça com o ferro, e o homem se aguça com a presença do seu próximo... Como a água dá o reflexo do rosto, assim é o coração do homem para o homem" (27,17.19).

Provérbios e a tradição de Israel

A expressão máxima da força dos sábios de Israel nos primórdios de nossa era encontra-se na Mixná[7] como maneira de ler e praticar os mandamentos da Torah. Nesse tempo, tudo o que se ensina e se vive está nas Escrituras: a Torah (Pentateuco), os escritos proféticos e sapienciais. Por esta razão o livro dos Provérbios, como escrito sapiencial, encontra lugar privilegiado, como veremos em seguida no trecho do tratado Avot[8] da Mixná (6,7-9):

7. Grande é a Torah, porque a quem a pratica dá a vida neste mundo e no mundo a vir, pois está escrito: *Pois é vida para quem a encontra e saúde para toda carne* (Pr 4,22). E a Escritura diz: *É saúde para o teu corpo e refrigério para os teus ossos* (Pr 3,8). E disse: *É uma árvore de vida para aqueles que a acolhem, e são felizes os que a retêm* (Pr 3,18). E disse: *Será formoso diadema em tua cabeça e colar em teu pescoço* (Pr 1,9). E disse: *Porá em tua cabeça um formoso diadema e te cingirá com brilhante coroa* (Pr 4,9). E disse: *Em tua direita longos anos e em tua esquerda riqueza e honra* (Pr 3,16). E disse: *Porque te trarão longos dias e anos, vida e prosperidade* (Pr 3,2).

8. Rabi Shimón filho de Menassiá em nome de Rabi Shimón filho de Yohai disse: a beleza, a força, a riqueza, a honra, a sabedoria, a velhice, as cãs, os filhos constituem um ornamento tanto para os justos como para este mundo, pois está escrito: *Nobre coroa são as cãs, a encontrarás no caminho da justiça*

---

[7] O termo deriva da raiz CH.N.H, que corresponde a repetir, guardar, conservar na memória. Com a influência do aramaico (*Taná*) adquiriu o significado de estudar e foi, especificamente, aplicado ao estudo da Torah oral para designar seu método próprio: a memorização e a recapitulação, como indica o tratado da própria Mixná (Avot 3,8). A Mixná é, como o significado da palavra indica, essencialmente oral. Mesmo sendo mais tarde escrita, ela conserva o seu status de oralidade.

[8] O vocábulo *Avot* significa "pais". O Tratado Avot contém as máximas de sabedoria dos Pais.

(Pr 16,31). E a Escritura disse: *A coroa dos sábios é a sua riqueza* (Pr 14,24) [...].

9. Rabi Yossé filho de Kismá dizia: Em uma ocasião eu ia por um caminho e me encontrei com um homem. Ele me saudou e eu lhe devolvi a saudação. Disse-me: Rabi de onde vens? Respondi-lhe: de uma grande cidade de sábios e de escribas. Disse-me: Rabi, por que não vens residir conosco, em meio a nosso povo? Dar-te-ei milhares de denários de ouro, pedras preciosas e pérolas. Contestei: filho meu, nem mesmo se me desses toda a prata, todo o ouro, todas as pedras preciosas e todas as pérolas deste mundo, não residiria a não ser no lugar da Torah, porque no momento em que um homem falece não o acompanham nem o ouro, nem a prata, nem as pedras preciosas, mas somente a Torah e as boas ações como é dito: *Quando caminhares, [a Torah] te guiará; quando descansares, te guardará; quando despertares, te falará* (Pr 6,22). [Assim é interpretado:] *Quando caminhares, te guiará: neste mundo; quando descansares, te guardará: no sepulcro; quando despertares, te falará:* no mundo a vir [...].

A abundância de citações de Provérbios nestes ensinamentos da Mixná nos mostra o quanto estas máximas permanecem como manancial gerador de sabedoria, não somente para os filhos de Israel, mas para toda a humanidade.

7º Tema
O livro da Sabedoria

O livro da Sabedoria é o escrito mais recente do Antigo Testamento. Estudiosos situam este livro na segunda metade do século I a.E.C. Ele não faz parte do cânon, nem da Bíblia Hebraica, nem da Reforma Protestante; para a Igreja Católica é deuterocanônico.[1] Tem como contexto o período de influência helênica; provavelmente por isso foi escrito em grego.

Assim como Cântico dos Cânticos, o livro da Sabedoria é atribuído ao rei Salomão; apesar de referências claras a ele como autor, os estudiosos não estão seguros quanto a isso e consideram-no um caso de pseudonímia. O livro da Sabedoria, como é próprio dos escritos desse gênero, não faz referências a pessoas nem cita nomes de povos ou lugares. As máximas, revestidas de certo anonimato, são lançadas ao geral. Aliás, esta característica da literatura sapiencial lhe confere um caráter universal, atemporal e iluminador, transpondo, por assim dizer, tempo e cultura.

Este livro foi provavelmente escrito em Alexandria[2] no tempo de maior influência grega, tempo este que se estende do fim do século IV ao fim do século I a.E.C. Neste período vivem no Egito importantes comunidades judaicas com seus sábios orientadores do povo. Estes sábios ficaram alarmados com o poder de atração exercido pela cultura grega sobre os filhos de Israel. O helenismo é visto como um perigo: ele enfraquece o papel central da Torah e dos costumes judaicos.

---

[1] Isto é, aceito posteriormente no cânone católico.
[2] Cidade portuária na costa mediterrânea do Egito, construída por Alexandre, o Grande, por volta de 331 a.E.C. Após sua morte, a cidade tornou-se a capital política do Império e o mais importante centro da cultura helênica.

Helenismo e cultura

"Helenismo" é o vocábulo utilizado para designar a forte influência exercida pela cultura grega no campo social, político, econômico, cultural e religioso, com as invasões e o domínio de Alexandre, o Grande. Esta influência foi exercida sobre a Europa e o Oriente próximo, a partir do século IV, e se estendeu até o fim do século I a.E.C.[3] Na sequência, o domínio passa a ser dos romanos. Como os judeus vivem também neste espaço e tempo, não podem escapar de tais influências, consideradas pelos seus sábios como nefastas. Se para outros povos não era tão simples abandonar os elementos essenciais de sua cultura a fim de assimilar costumes de outra, que lhe era imposta, com muito mais forte razão esta dificuldade é multiplicada para os judeus.

Esta dificuldade é grande, não somente pela imposição e força das armas do Império Grego, mas, como já foi dito, pela atração que sua cultura exerce sobre os judeus por meio da linguagem, costumes, jogos e teatros de arena, principalmente, seu mundo de sábios e filósofos. A filosofia grega constitui a maior preocupação para os sábios de Israel. Por isso eles a combatem. Os sábios sabem que o domínio pela força bruta durará enquanto o opressor estiver em nossa casa. Quando ele se for, o seu poder cessará e o seu domínio passará sem deixar saudades; mas o domínio que vem paulatinamente pela influência do pensamento torna-se mais difícil de ser erradicado, porque continuará mesmo após a retirada do invasor. Daí o esforço dos sábios em provar às suas comunidades o valor da Torah enquanto revelação de

---

[3] Cf. GOLDBERG, Sylvie Anne et. al. *Dictionnaire encyclopédique du judaïsme*. Paris: Robert Laffont, 1996. p. 457.

Deus, ao passo que a filosofia grega, em suas opiniões, não passa de mero conhecimento especulativo.

Assim sendo, a intenção do livro da Sabedoria deve ser modelar, com a didática refinada dos seus ensinamentos, discípulos capazes de distinguir entre ser judeu e ser grego. Não basta ao discípulo compreender teoricamente a diferença entre sabedoria judaica (*Hochmah*) e sabedoria grega (Sofia) como sendo a primeira revelada por Deus e a segunda especulação humana. O discípulo é estimulado a abraçar *Hochmah* como o resultado, o fruto de uma relação de amor entre o povo de Israel e o seu Deus e entender que esta relação já estava no querer de Deus, antes mesmo da criação do universo. Por esta razão, ele CRIA, ELEGE e FAZ ALIANÇA, REDIME.

Nessa perspectiva, a Sabedoria é doada por Deus a seus amados e deve ser por estes cultivada. O resultado concreto desse caminho é, por excelência, a justiça.

Divisão do texto

O livro da Sabedoria é comumente dividido, segundo a disposição dos temas nele tratados, em três partes.

Capítulos	Temas tratados
1,1–6,21	A justiça e a esperança na imortalidade.
6,22–11,1	Busca e louvor da sabedoria, que é dom de Deus. Salomão torna-se o exemplo daquele que reconhece em Deus sua fonte.
11,2–19,22	Releitura da saída do Egito e apresentação da sabedoria como cocriadora do universo e salvadora dos humanos.

Assim, dispondo os temas de forma didática, o autor oferece ao discípulo um caminho seguro. Neste caminho a história de Israel é contada e a identidade reforçada. Esse escrito faz ponte entre o passado e o presente. Somente estando cientes dos feitos de Deus no passado (criação, eleição-aliança e libertação da escravidão do Egito), podemos, no presente, superar as adversidades e esperar dias melhores no futuro.

A comunidade cristã primitiva reconheceu nesse livro provavelmente uma ponte entre passado, presente e futuro. Porém, ela o considerou como elo entre a revelação do Primeiro Testamento e a do Segundo. Seria quase impossível ler os textos do apóstolo Paulo e do Evangelho de João sem reconhecer neles a influência do conteúdo dessas páginas.

8º Tema
O livro do Eclesiástico

Este livro, também chamado de Sirac ou Sirácida, de forma semelhante ao livro da Sabedoria, faz parte da Bíblia Grega, mas não foi acolhido nem no cânon da Bíblia Hebraica nem naquele da Reforma Protestante. Tendo sido acolhido posteriormente no cânone da Igreja Católica é, por esta razão, também chamado de deuterocanônico.

Autoria

Quanto à autoria, Eclesiástico é atribuído a Jesus Ben Sirac. Este nome é mencionado, como segue, no corpo do livro: "Uma instrução de sabedoria e ciência, eis o que gravou neste livro Jesus, filho (ben) de Sirac, Eleazar de Jerusalém, que derramou como chuva a sabedoria de seu coração" (50,27); porém a frase, como pode-se notar, está na terceira pessoa. Este dado nos sugere compreender que o verdadeiro autor do texto esteja falando de outra pessoa, à qual ele atribui o seu escrito. Mas, mesmo assim, uma boa quantidade de estudiosos reconhece ser Jesus Ben Sirac o real autor do livro. Isso talvez porque o autor termina o seu escrito dizendo: "Sabedoria de Jesus, filho (ben) de Sirac" (Eclo 51,30), frase esta também na terceira pessoa.

Se assim o é, ele o escreveu em hebraico e, somente mais tarde, por razões históricas, foi traduzido para o grego, como reza o prólogo da versão grega. Nesse prólogo o tradutor, que se apresenta como neto do autor, justifica o esforço de sua tradução (vv. 7-14). Primeiro ele louva a sabedoria do avô e a importância de sua obra para os que estão na terra de Israel. Em seguida, reconhece que os de fora, ou seja, os judeus da diáspora e, sobretudo, os que estão no Egito, têm igual necessidade de instrução diante da avalanche de influência da cultura helênica. Esta é a mesma razão pela qual também ele, com esforço, empreende a tradução do texto do hebraico para o grego (27–35). Estas informações do próprio tradutor são preciosas para nos inserir, enquanto leitores, no contexto de surgimento da obra e de sua tradução, como veremos a seguir.

Contexto

"É um dever não apenas adquirir ciência pela leitura, mas, uma vez instruído, colocar-se a serviço dos de fora" (Prólogo vv. 4-5).

Uma das primeiras condições para o início de leitura de uma obra, seja ela qual for, é situá-la em seu contexto. Esta postura nos abre para o recebimento da obra em nosso próprio contexto. Sabendo dos problemas que afligiam o autor ou seu povo e que exigiram dele uma resposta, seremos capazes de respeitar suas ideias e posições. Isso nos livra do julgamento prematuro e de comportamentos imediatistas, lendo um texto de um passado distante como se o seu autor tivesse escrevendo para o nosso tempo.

Etienne Charpentier nos diz que ler um texto bíblico é considerá-lo como reflexões para o seu tempo e, somente depois disso, podemos atualizá-lo para o nosso. Ler não é conceber o texto como se fosse um presente (pacote) feito ou fechado há tantos mil anos e abri-lo hoje sobre nossa mesa como direcionado a nós.

Se o autor "embalou" sua mensagem com suas palavras e cultura, o leitor de hoje deve "desembalá-la" e refazer a "embalagem" com as palavras e a cultura dele.[1] Quanto ao livro do Eclesiástico, o próprio tradutor em seu prólogo, como vimos, nos dá o contexto que favoreceu não somente a obra como também a sua tradução. Assim, a razão primeira do livro é atualizar a

---

[1] Cf. CHARPENTIER, Etienne. *Para ler o Antigo Testamento*. São Paulo: Paulinas, 1986. p. 18.

mensagem da Torah, dos profetas e dos escritos sapienciais para o cultivo da sabedoria dos filhos de Israel na diáspora.

No mesmo prólogo o tradutor faz referência ao rei Evergetes do Egito. Uma nota da Bíblia de Jerusalém situa o governo do rei Evergetes Fiscon, provavelmente Ptolomeu VII, por volta de 132 a.E.C. Assim sendo, o livro deve então ter sido escrito entre 190 e 180 a.E.C., tempo em que a Palestina passou do domínio dos ptolomeus para o dos selêucidas (198). Este foi um período de grande influência da cultura helênica que, mais tarde (175-163), Antíoco Epífanes imporá pela força.

As condições econômicas das comunidades judaicas, nesse período, não eram tão claras: acúmulo de riquezas nas mãos de uma minoria aristocrata que era beneficiada com cargos administrativos e a grande maioria vivia na insegurança. Sujeitas a estas condições de domínio, as comunidades judaicas ficavam expostas a significativas e negativas mudanças. Desse modo, as estruturas de base que garantiam a identidade judaica começaram a ser seriamente abaladas, sobretudo os laços familiares e de parentesco. As linhagens genealógicas tenderam a desaparecer com a adoção de nomes gregos, os costumes foram transformados, os valores mudaram e o perigo de assimilação se instalou.

Travessia dos dias sombrios

As comunidades judaicas estavam passando por tempos de grande turbulência. A crise de valores decorrente das posturas dos invasores poderia ser apontada em duas dimensões. Por um lado, as medidas impostas para sugar ao máximo o povo dominado enfraquece sua cultura. Por outro, existia ainda outro agravante: a cultura grega tornava-se mais perigosa porque sorrateiramente ia atraindo os jovens que, aos poucos, abandonavam os costumes dos pais e assumiam o jeito de viver dos gregos. A filosofia, a arte e a literatura helenistas, não somente por força de imposição, mas muito mais pelas atrações que exerciam na gente daquele tempo, aos poucos, iam permeando tudo. Com certeza ninguém pode negar o valor de tudo o que os gregos legaram à humanidade. Em todas as áreas eles atraem nossos olhares. Podemos mensurar essa força de atração pelos nossos dias. Inegavelmente, ainda hoje a cultura grega exerce fascínio em todo o mundo.

O fato é que, no tempo de Sirácida, as dificuldades estão às portas: a cultura grega está ameaçando afogar a judaica. Diante destas dificuldades a pergunta a ser levantada é: o que fazer de forma sábia em prol de um povo visivelmente ameaçado no âmago do seu existir? Para Sirácida, o caminho de saída da crise é recuperar os vínculos familiares e fortalecê-los, como no período tribal. Esta é a condição para continuar.

Por esta razão ele reforça com seus ensinamentos, no interno do povo, os valores perenes, identificadores e mantenedores da consciência judaica:

a) Laços de parentesco;

b) Preocupação com as relações humanas;

c) Valores da história e da tradição;

d) A relação de aliança com Deus e a prática dos seus mandamentos provenientes da Torah e revelados no Monte Sinai. A relação com Deus constitui a base de todo e qualquer relacionamento;

e) A sabedoria que emana da Torah, diferentemente daquela dos gregos, é revelação de Deus e não especulação humana;[2]

f) O temor de Deus é o princípio da sabedoria. Esse temor levará os filhos de Israel a não abandonarem o caminho dos pais, por conseguinte, conduzirá a vida do povo experimentada em sua perpetuação;

g) Quem anda pelo caminho de Deus (Torah) será seu filho. Esse caminho nos irmana. Esta é a dimensão libertadora.

Portanto, o livro do Eclesiástico como um todo é a resposta que seu autor dá à crise do tempo em que vivia. Mas, de forma mais vigorosa, esta resposta se concentra no capítulo quatro. Ali ela soa com o todo o seu poder de persuasão. Vendo a grande quantidade de gente desfavorecida, enfraquecida e abandonada, Sirácida constata a corrosão da identidade cultural do seu povo.[3] Ele sabe que os abalos são significativos, bem como crê na capacidade que seu povo tem de transpor abismos e na eficácia do remédio. Assim, a partir de 4,1, dá uma série de conselhos

---

[2] O apóstolo Paulo enfrenta semelhante situação na comunidade de Coríntios. Perante a influência da sabedoria grega, Paulo apresenta Cristo como sabedoria revelada de Deus (1Cor 1,30; 2,6-7).

[3] Também Jesus, em seu tempo, vê a multidão, sob o domínio dos romanos, como rebanho sem pastor (cf. Mc 6,34). Esta é uma imagem bíblica já presente nas Escrituras e retomada pelo evangelista (cf. Nm 27,17; 1 Rs 22,17; Jl 11,19; Ez 34,5).

voltados para o cultivo da solidariedade: quem ouve o pobre, preocupa-se com sua aflição, investe em sua libertação e faz dos sofrimentos alheios os seus próprios, é filho do altíssimo. Dentre todas as suas preocupações, a libertação da ignorância está em primeiro plano. A ignorância da própria história é, dos males, o maior. Ela obriga a gente a jogar fora, a menosprezar o que se tem de mais precioso e a abraçar propostas estrangeiras de forma leviana.

Sirácida insiste nos acontecimentos do passado narrados na Escritura, principalmente naqueles concernentes à escravidão do Egito. Lembra que Deus fez da dor de Israel a sua própria dor para nos ensinar a pensar na dor do outro como se fosse a nossa.[4] Ele, longe de ser um semeador de ilusões, de forma amorosa e sublime, vai relendo as histórias dos exílios, dos sofrimentos de Israel e mostrando que, assim como Deus libertou e protegeu seu povo no passado, o fará hoje e, com certeza, amanhã. Deixa claro que Deus não liberta seus filhos da escravidão quando estes não tomam consciência dela e não se cultiva o querer dela sair.[5] Não é pessimista com relação ao futuro, mas joga a responsabilidade nas mãos do povo.

---

[4] Jesus, no Evangelho, retomando Lv 18,5, também assim ensina: ama o teu próximo como a ti mesmo... e viverás" (Lc 10,27-28) e ainda: "... o que fizestes a um destes meus irmãos mais pequeninos a mim o fizestes" (Mt 25,40), o que corresponde também, repetindo a sabedoria milenar, a "o que fizestes a um destes do vosso povo ou da humanidade a vós mesmos o fizestes". Em nossos dias podemos estender ainda mais este ensinamento sublime: O que fizermos a qualquer realidade da criação de Deus, a nós mesmos estaremos fazendo.

[5] Jesus também, antes de qualquer intervenção na vida e destino de alguém, sempre pergunta pelo seu querer. Depois disso completa: que seja feito segundo a tua fé (ex. Mc 10,51-52).

Divisão do livro

A divisão do texto em quatro partes ou blocos, adotada aqui, é comumente utilizada e segue a linha dos temas mais relevantes. O prólogo da tradução grega já visto neste comentário será incluso nesta divisão. Então, repartindo o texto segundo esta orientação, assim ficaria:

Prólogo	Razões da tradução
1,1–23,28	origem e dom da sabedoria
24,1–43,33	louvor da sabedoria
44,1–50,26	louvor dos antepassados
50,27–51,30	conclusão

Quando observamos, na sequência, a disposição dos temas propostos pelo autor, percebemos, clara e decidida, uma via didaticamente estabelecida. Esta via tem a força de reconduzir os filhos afastados de volta à casa paterna. Essa preocupação com a dispersão e a morte da identidade é uma constante nos escritos bíblicos de todos os tempos. Tal maneira de ensinar, insistindo no caminho de volta, ou seja, a conversão, aparece muito viva no livro do profeta Malaquias, em referência ao papel de Elias como precursor do Messias: "Ele fará voltar o coração dos pais para os filhos e o coração dos filhos para o pai" (Ml 3,24).

A busca da sabedoria e o seu cultivo em Israel são perenes. Após o período bíblico, no período do Segundo Templo, os sábios continuam a orientar o povo e a nutri-lo com os ensinamentos das Escrituras, como veremos a seguir.

Conclusão

"Faça de sua casa um lugar de encontro de sábios... e beba, com sede, cada uma de suas palavras" (Mixná, Tratado Avot 1,4).

"Marta, Marta, tu te inquietas e te agitas por muitas coisas; no entanto, pouca coisa é necessária, até mesmo uma só. Maria, com efeito, escolheu a melhor parte, que não lhe será tirada" (Lc 10,41-42).

Unindo as palavras dos sábios da Mixná às do Evangelho de Lucas, vamos chegando ao término destas páginas. Ouvindo as duas falas, sentimos a perfeita harmonia entre elas. Como se a segunda fosse o desdobramento, a prática da primeira. Lucas mostra Maria recebendo o mestre em sua casa. Naquele momento, nada mais lhe parece interessar, senão estar a seus pés e beber suas palavras, vestir-se de sua presença.

Nesta cena, a atitude de Maria nos lembra das duas dimensões da sabedoria: dom de Deus e cultivo humano. O dom de Deus é a presença do mestre e estar a seus pés, o cultivo humano. Assim sendo, a sabedoria, enquanto dom, é revelação de Deus (Torah) que deve ser recebida como sua própria visita. Deus vem ter conosco em nossa própria casa: existência e história. E, enquanto cultivo, essa sabedoria deve ser compreendida, praticada e transmitida por nós mesmos, de geração em geração.

Despeçamo-nos com um *até breve*, tendo como chão comum, mais uma vez, a Mixná sobre a centralidade da Torah: "Ben Bag Bag recomendava: vira e revira a Torah em todos os sentidos, pois tudo está contido nela. Somente ela poderá conceder-te a verdadeira ciência. Envelhece neste estudo sem jamais abandoná-lo. Nada de melhor poderás fazer".[6]

---

[6] Mixná Avot 5,25.

Bibliografia

ALONSO SCHÖKEL, Luis; CARNITI, Cecilia. *Salmos I*. São Paulo: Paulus, 1996.

BROWN, Francis. *The new Brown – Driver – Briggs – Gesenius, Hebrew and English Lexicon*. United States of America: Hendrickson Publishers, 1979.

CAMPBELL, Joseph. *O poder do mito*. 20. ed. São Paulo: Palas Athena, 2002.

CATECISMO DA IGREJA CATÓLICA. São Paulo: Loyola, 2000.

CERESKO, Anthony R. *A sabedoria no Antigo Testamento*. São Paulo: Loyola, 2003.

CHARPENTIER, Etienne. *Para ler o Antigo Testamento*. São Paulo: Paulinas, 1986.

FRANGIOTTI, Roque. *Padres apostólicos*. São Paulo: Paulus, 1995.

GOLDBERG, Sylvie Anne et. al. *Dictionnaire encyclopédique du judaïsme*. Paris: Robert Laffont, 1996.

HACHAM, Amos. *Comentário sobre Jó (hebraico)*. Jerusalém: Mossad Harav Kook, 1984.

JASTROW, Marcus. *A Dictionary of the Targumim, the Talmud Babli and Yerushalmi, and the Midrashic Literature*. Jerusalem: Horev, [s.d.].

LA MISNÁ. Edición de Carlos Del Valle. Salamanca: Sígueme, 2003. (Biblioteca de Estúdios Bíblios, 98.)

LE GRAND BAILLY. *Dictionnaire Grec Français*. Paris: Hachette, 2000.

MELO, Alberto. *Commento al Cantico dei Cantici*; introduzione, traduzione e note a cura di Alberto Melo. Magnano: Edizioni Qiqajon (Bi), 1997.

ORIGÈNE. *Commentaire sur le Cantique des Cantiques I*. Paris: Cerf, 1991.

RICOEUR, Paul. *A hermenêutica bíblica*. São Paulo: Loyola, 2006.

SAN JUAN DE LA CRUZ. *Cántico espiritual*. 3. ed. Madrid: Editorial de Espiritualidad, 1989.

SANFORD, John. A. *Mal*; o lado sombrio da realidade. 2. ed. São Paulo: Paulinas, 1998.

SÃO BENTO. *Regra de São Bento*. Tradução e notas de D. João Evangelista Enout, osb. 3. ed. Rio de Janeiro: Edições "Lumen Christi", 2008.

SELLIN, Ernst; FOHRER, G. *Introdução ao Antigo Testamento*. v. 2. São Paulo: Paulinas, 1978.

SHIR HA-SHIRIM RABBA. Midrash sobre o Cântico dos Cânticos. Jerusalém: Makhon ha-Midrash ha-Mevoar, 1994.

SHISHA SIDREI MISHNA (hebraico). Comentados por Hanock ALBECK. Jerusalém: Dvir, 1988.

TALMUD DA BABILÔNIA. Ed. De Vilna, 1835.

TARGUM SHIR HA-SHIRIM. Traduzione e note a cura di Abramo Alberto Piattelli. Roma: Barulli, 1975.

TOSAUS ABADÍA, José Pedro. *A Bíblia como literatura*. Petrópolis: Vozes, 2000.

TRADUÇÃO ECUMÊNICA DA BÍBLIA (TEB). São Paulo: Loyola, 1994.

VAN DEN BORN, A. *Dicionário Enciclopédico da Bíblia*. 5. ed. Petrópolis: Vozes, 1971.

VV.AA. *A criação e o dilúvio*; segundo os textos do Oriente Médio Antigo. São Paulo: Paulinas, 1990.

VV.AA. *Escritos do Oriente Antigo e fontes bíblicas*. São Paulo: Paulinas, 1992.

ZENGUER, Erich. *Introdução ao Antigo Testamento*. São Paulo: Loyola, 2003.